Des ANDELYS à VERDUN

Parcours d'un Enfant de troupe
MORT POUR LA FRANCE

Par

Carmen Barthet

Gotham Books

30 N Gould St.

Ste. 20820, Sheridan, WY 82801

https://gothambooksinc.com/

Phone: 1 (307) 464-7800

© 2022 Carmen Barthet. All rights reserved.

No part of this book may be reproduced, stored in a retrieval system, or transmitted by any means without the written permission of the author.

Published by Gotham Books (October 20, 2022)

ISBN: 979-8-88775-086-6 (sc)

ISBN: 979-8-88775-087-3 (e)

ISBN: 979-8-88775-088-0 (h)

Because of the dynamic nature of the Internet, any web addresses or links contained in this book may have changed since publication and may no longer be valid.

The views expressed in this work are solely those of the author and do not necessarily reflect the views of the publisher, and the publisher hereby disclaims any responsibility for them.

Cet ouvrage est dédié à mes
Grands-parents :

Philomène et Henri BARTHET

Ainsi qu'aux condisciples de la Promotion LOVY
À l'EMP des Andelys
(1910-1914)

TABLE DES MATIÈRES

REMERCIEMENTS i

AVANT-PROPOS ii

INTRODUCTION iii

PROLOGUE vi

CHAPITRE I 1

CHAPITRE II 7

CHAPITRE III 12

CHAPITRE IV 28

CHAPITRE V 46

CHAPITRE VI 68

ANNEXES 83

REMERCIEMENTS

Mes recherches sur mon oncle Henri Barthet, ancien enfant de troupe à l'École militaire préparatoire d'infanterie des Andelys (1910-1914) jusqu'à son engagement pour la durée de la guerre en octobre 1914, m'ont amenée à m'adresser à la Section AET (anciens enfants de troupe) les Andelys et Normandie, où j'ai reçu de son Président, Monsieur Jacques Massiat, une prompte et très obligeante réponse, ce qui a établi avec cette association une relation suivie grâce à laquelle j'ai obtenu sur Henri Barthet certains renseignements : fiches et documents dont j'ignorais l'existence, tels qu'un extrait de ses États de service et la Fiche Mémoire des Hommes.

J'ai également eu le plaisir et l'honneur d'être invitée à participer à l'inauguration du nouveau monument « la Stèle des oubliés », le 9 juin 2018 aux Andelys, ce qui fut une chaleureuse et sympathique rencontre avec la famille des AET.

J'exprime aux AET Andelys-Normandie et à leur Président ma vive et sincère reconnaissance.

Carmen Barthet,
Membre d'honneur

AVANT-PROPOS

Ainsi que je l'explique dans l'introduction, ce récit s'appuie d'une part sur des archives familiales et d'autre part sur le déroulement de faits de guerre et évènements historiques concomitants évoqués et décrits sur plusieurs sites mentionnés dans les notes de bas de page, ainsi que sur un document de fond, d'un irremplaçable secours : *l'Historique du 68e Régiment d'Infanterie pendant la guerre 1914-1918, publié par l'Imprimerie Berger-Levrault (Nancy-Paris-Strasbourg)* et numérisé par Jérôme Charraud.

Ces documents m'ont aidée à jalonner le parcours d'Henri Barthet entre sa scolarité à l'École militaire préparatoire d'infanterie des Andelys (1910-1914), son incorporation au 68e Régiment d'infanterie le 28 avril 1915 et sa mort à Verdun (Cote 304/Mort-Homme) le 3 mai 1916, et à retracer ses pas dans les meurtriers combats auxquels il a participé.

INTRODUCTION

L'idée et le désir d'écrire ce livre, ou mémoire sur mon oncle Henri m'est venue avec la célébration du Centenaire de la Grande Guerre 1914-1918.

Sa plus jeune sœur, Jeanne Barthet, ma Tante à laquelle j'étais très liée, était en quelque sorte la gardienne des souvenirs de la famille et m'avait légué une collection de documents divers, parmi lesquels se trouvaient plusieurs lettres écrites par mon oncle alors qu'il était sur le front entre 1915 et 1916. Outre cette mince correspondance figuraient quelques cahiers de cours et blocs notes se rapportant à ses années de scolarité aux Andelys.

Après lecture de ces documents historiques et profondément émouvants je compris que je ne pouvais pas les laisser sombrer dans l'oubli et qu'il m'incombait, en tant qu'unique détentrice, de les faire revivre et de les perpétuer, comme si j'avais reçu une mission posthume. Beaucoup d'autres descendants des familles de poilus ont eu le même besoin de préserver une mémoire qui leur était chère.

Ce n'était pas de premier abord tâche facile car je ne possédais en réalité que des documents disparates et incomplets ne fournissant que des bribes, des aspects de cette courte vie à l'école militaire et sur le front. Il fallait donc tenter de reconstituer cette histoire dans son ordre chronologique par recoupements et confrontation de textes, (entre autres l'Historique de son régiment, le 68ᵉ d'Infanterie, qui retrace ses mouvements et positions durant les quatre années de guerre et en particulier, pour ce qui concerne ce récit, la période allant de juillet 1915 à mai 1916).

Dans les papiers de famille j'ai retrouvé trois documents que l'on peut qualifier d'historiques et que je découvrais pour la première fois :

(1) Une lettre datée du **20 mai 1919** faisant part du décès de l'Aspirant Henri, Alfred, Jules Barthet, émanant du Chef du Bureau de comptabilité du 68ᵉ Régiment d'Infanterie, adressée au Maire de Pontarlier, le priant de bien vouloir prévenir la famille « avec tous les ménagements nécessaires en la circonstance et de lui présenter les condoléances de Monsieur le Ministre de la Guerre. »

(2) Un « Avis de transfert de corps » **daté du 23 avril 1932**, libellé en ces termes « Monsieur le Commandant du Dépôt 68ᵉ Régiment d'Infanterie voudra bien porter à la connaissance de la famille intéressée par l'intermédiaire de la Mairie que le corps de l'Aspirant BARTHET Henri, Alfred, Jules, précédemment inhumé

à la Cote 304, vient d'être découvert et identifié par plaque d'identité, a été transféré au cimetière militaire d'Avocourt (Meuse) par les soins du Service de l'État civil de la Meuse à Verdun. N° de la tombe : 946.

(3)   Un troisième document daté du 26 juillet 1935, contient un « ***Extrait des minutes du Greffe du Tribunal Civil et de première Instance de Pontarlier*** » par lequel le Tribunal déclare que Henri, Alfred, Jules Barthet, Aspirant au 68ᵉ Régiment d'Infanterie est **<u>mort pour la France</u>** le 3 mai 1916, à la Cote 304 - Mort Homme (Meuse).

Outre ces documents officiels, ce sont les papiers personnels d'Henri, illustrant sa scolarité et d'une certaine manière sa vie à l'EMP qui ont été les plus importants pour la rédaction de ce récit.

PROLOGUE

« À la pointe de ce mole de Verdun qu'assaillait l'océan concentré des forces de l'ennemi, la France jetait tous ses fils, régiment par régiment, comme des blocs de granit destinés à briser les flots germaniques déchaînés » (F. Duhourcau, grand mutilé de 14-18).

« Ceux qui pieusement sont morts pour la patrie
Ont droit qu'à leur cercueil la foule vienne et prie… »
Victor Hugo : Les Chants du crépuscule (1835)
Nous, Peuples des Nations Unies, résolus à préserver les générations futures du fléau de la guerre qui deux fois en l'espace d'une vie humaine a infligé à l'humanité d'indicibles souffrances… (Préambule de la Chartre des Nations Unies, 1er paragraphe – 1945)

29 mai 2016 : Commémoration du Centenaire de la Bataille de Verdun, à Douaumont

Sortie des bois, une horde d'éphèbes (garçons et filles) a déferlé dans une course effrénée à travers les tombes des soldats. Cet étrange ballet, qui relevait plus de Disneyland que de la tragédie antique se voulait sans doute provocateur et didactique, mais n'était en fait que l'expression d'une société hédoniste pressée de tourner la page.

Étrangers aux actes d'héroïsme et d'abnégation qu'incarne la Grande Guerre, notamment la Bataille de Verdun, et inconscients du tragique destin de ceux qui se sont vaillamment et farouchement battus pour défendre leur patrie, ces hérauts de l'oubli tentaient d'engloutir la mémoire dans une grotesque et affligeante parodie de combat. Manière désinvolte et dérisoire d'honorer les héros qui, voici un siècle, faisant le sacrifice de leur vie, sont tombés en ce lieu, dans un déluge de feu et d'acier.

CHAPITRE I

La Nécropole d'Avocourt (Meuse)

*« Nous sommes les soldats morts de toutes les batailles…
Dans les noirs trous d'obus, sous un ciel de mitraille…
Nous n'avons pas connu l'ivresse des victoires, le sourire
extasié de la femme au retour, mais seulement l'horreur et le
sang de la tuerie dernière… »*

(Simone Hubert-Delisle « Complainte des soldats morts »)

Lors d'une visite guidée du champ de bataille de Verdun fin avril 2016, et d'autres visites individuelles en mai 2016 et juin 2018, je me suis rendue au cimetière d'Avocourt situé à une trentaine de kilomètres de Verdun. J'étais seule la première fois dans cette vaste nécropole où il me fut facile grâce au répertoire placé dans un tiroir à l'intérieur du mur de clôture, de trouver la tombe 946. Et c'est avec une vive émotion que je m'arrêtai devant cette tombe, simple croix blanche fichée dans l'herbe et portant l'inscription : BARTHET Henri, Aspirant, 68e R.I., Mort pour la France le 3-05-1916.

J'avais l'impression d'accomplir un pèlerinage en ce lieu de sobre beauté et de silence, et me demandais si je n'étais pas la seule représentante de la famille à être venue se recueillir devant cette tombe. Autant que je me souvienne, personne dans la famille n'a jamais évoqué devant moi le cimetière d'Avocourt, Les papiers que j'ai retrouvés à ce sujet étaient pliés dans de vieux portefeuilles de cuir usé qui ne semblaient pas avoir été ouverts depuis des lustres, tous les témoins directs étaient morts et j'étais là la seule survivante ayant eu connaissance, notamment par ma grand'mère, du sort tragique de l'oncle Henri. J'avais du mal à m'arracher à cette imposante et bienfaisante solitude dans laquelle j'étais figée et sereine cependant. Lorsque je me retournai pour prendre le chemin de la sortie, quelle ne fut pas ma surprise de me voir observée par une brochette de superbes vaches blanches qui, derrière les barbelés me regardaient avec une touchante sympathie. Cette note insolite faisant partie de la visite, il me semble naturel de la mentionner. D'ailleurs, les animaux eux-aussi, en particulier les chevaux et les mulets, porteurs de ravitaillement, matériel et munitions ont payé un lourd tribut et partagé la souffrance et le martyr des hommes. Á Chipilly, dans la Somme, a été érigé un mémorial dédié aux chevaux tués sur les champs de bataille.

Nécropole nationale d'Avocourt (Meuse)

Croix de Guerre 1914-1918 d'Henri Barthet

CHAPITRE II

L'école militaire préparatoire d'infanterie des Andelys : 1887 -1968

« J'ai commencé par être enfant de troupe, - gagnant ma demi-ration et mon demi-prêt dès l'âge de neuf ans, mon père étant soldat aux gardes. »

Alfred de Vigny : Servitude et grandeur militaires

« France, Force, Fierté, Fidélité »

(Devise de l'École)

Henri Barthet est né le 17 juin 1897 à Château Gonthier (Mayenne), fils de Henri Barthet, gendarme à cheval, et de Philomène Denis, cuisinière. Il était l'aîné d'une famille de 14 enfants, dont cinq des garçons furent Enfants de troupe, Henri à l'école militaire préparatoire d'infanterie des Andelys et les quatre autres à Autun et Billom.

D'après les archives de famille, Henri est entré à l'EMP des Andelys en 1910. A l'époque, les écoles d'enfants de troupe offraient aux enfants de militaires modestes la possibilité de poursuivre leurs études secondaires gratuitement. En échange, ils s'engageaient à servir dans l'armée durant cinq ans après leur sortie de l'école.

Il convient de donner ici un aperçu de ce qu'étaient les écoles d'enfants de troupe et le bref historique présenté ci-après s'inspire de l'exposé figurant sur le site : aet Herault.com/hist_et.htm 2/6.

C'est une ordonnance de Louis XV en date du 1er mai 1766 qui, sur proposition du Ministre Choiseul, porte création de l'institution des enfants de troupe. Il s'agissait de donner aux fils de militaires de rang subalterne la possibilité de recevoir une éducation dans le cadre de l'armée. Les enfants et même les familles suivaient les armées et, pris en charge, les garçons apprenaient des métiers auxiliaires tels que forgerons, bourreliers, musiciens, entre autres. Ce statut fut entériné en 1800 par un arrêté du Premier Consul Bonaparte, qui consacra officiellement l'appellation « Enfant de Troupe ».

Inscrits au budget des compagnies ou régiments, les enfants de troupe étaient nourris, blanchis et soldés. Ils portaient un uniforme inspiré de celui de leur régiment d'appartenance. Ils recevaient une éducation et formation paramilitaires, en prévision de leur futur engagement. Ce système était cependant loin de répondre aux besoins de l'armée.

Une loi de 1884 (abrogée en 1982) met fin au système existant et créé six écoles militaires préparatoires : Autun (Saône-et-Loire), Billom (Puy-de-Dôme), Les Andelys (Eure), Montreuil-sur-Mer (Pas-de-Calais), Rambouillet (Yvelines) et Saint-Hyppolyte-du-Fort (Gard), afin qu'ils reçoivent aux frais de l'État, une instruction et une éducation qui les mettent à même de servir efficacement leur pays.

L'école des Andelys, dont la devise est France, Force, Fierté, Fidélité fut créée par la loi de 1884 sous le nom d'École Militaire préparatoire d'Infanterie des Andelys, et sera officiellement ouverte en 1887.

Fermée en 1968 elle a été remplacée par le collège Rosa Park, du nom de l'héroïne américaine du *Civil Rights Movement* à Montgomery (Alabama), en 1955, et qui déclarait « je voudrais que l'on se souvînt de moi comme de quelqu'un qui voulait être libre afin que d'autres le fussent aussi ».

En 1910 le jeune Henri avait déjà connu plusieurs villes de garnison, dont Le Ribay (Mayenne) et Gacé (Orne) où son père avait été affecté. La famille était alors définitivement installée à Pontarlier (sous-préfecture du Doubs) où Henri Barthet, père, originaire de cette région (Montflovin), avait demandé à être muté non plus dans la gendarmerie mais dans la police municipale.

De la scolarité d'Henri aux Andelys il ne reste que peu de documents, néanmoins intéressants comme points de repère, et donnant une idée de l'enseignement offert, tels un cahier intitulé « *Cours de récits militaires» (année scolaire 1912-1913*) : récits de hauts faits de guerre choisis dans l'histoire de batailles et de militaires célèbres, témoignant de qualités exceptionnelles de courage, bravoure, dévouement, discipline, sens de l'honneur, entre autres ; un livret intitulé *« Méthodes d'instruction pratique du service en campagne »* qui est un manuel d'organisation des opérations sur le terrain, s'adressant aux gradés et soldats ; un petit cahier donnant des exemples concrets de manœuvres sur le terrain, avec croquis dessinés par l'élève lui-même, et un livret appelé « *Carnet de promotion* » recueil des messages d'adieu des condisciples de la promotion LOVY à l'École Militaire Préparatoire d'infanterie des Andelys, écrits à la veille de leur départ pour le front (tous engagés volontaires pour la durée de la guerre).

L'étude de ces documents nous donne un aperçu de la formation intellectuelle, morale et professionnelle que recevaient les enfants de troupe, et dans une certaine mesure nous fait pénétrer dans l'intimité de l'école avec ses joies et ses petits drames. Il s'agit en quelque sorte de la vie d'internat dont certains s'accommodent et dans laquelle ils s'épanouissent tandis que d'autres s'y adaptent difficilement, particulièrement sensibles aux excès d'autorité de la part des instructeurs et gradés.

CHAPITRE III

L'enseignement à l'École militaire préparatoire

« Si vis pacem, para bellum » (Si tu veux la paix, prépare la guerre)

« Le courage et la vertu ont un privilège : qui les pratique les enseigne car l'exemple est une propagande »

Charles Joseph Lovy, ancien enfant de troupe, sergent fourrier au 2ème Régiment de tirailleur algériens.

Commençons par ouvrir le « **Cours de récits militaires** » écrit à la main et donné par le Lieutenant Besse [1] durant l'année scolaire 1912-1913.

Comme expliqué dans son introduction, le cours porte essentiellement sur la formation de la conscience nationale et patriotique et s'inscrit dans le programme d'enseignement du 6

---

[1] Les lieutenants Besse, Cotte et Rivière de notre École militaire ont été blessés par des balles allemandes qui, fort heureusement, n'ont pas atteint d'organe essentiel chez aucun d'entre eux, tous sont à l'heure actuelle en bonne voie de guérison.

Vient de paraître une nouvelle méthode d'éducation physique, intitulée : « Pour nos enfants de Troupe » due à la collaboration de MM. Ruchaud, médecin-major, et Besse, lieutenant-instructeur à l'École militaire préparatoire. *Valeur physique des exécutants – Bases scientifiques de la méthode – Les moyens – L'exécution – Constatation des résultats*, tels sont, condensés en trois chapitres, avec clarté et précision, les procédés d'éducation physique mis en application par les auteurs à notre école d'enfants de troupe.

octobre 1902 ayant pour objet de « *développer chez les élèves le sentiment d'honneur militaire en leur présentant pour exemples les hauts faits de leurs devanciers et en même temps de leur donner quelques idées nettes sur la vie de campagne. Il comporte des lectures commentées et des récits anecdotiques sur des faits de guerre choisis dans les campagnes les plus récentes* ».

On retrouve le même objectif pédagogique dans un ouvrage populaire de la même époque (1901), intitulé « *Tu seras soldat* » qui a pour sous-titre « Récits et leçons patriotiques d'instruction et d'éducation militaires » et dont l'auteur, Émile Lavisse était le frère du célèbre historien Ernest Lavisse, dont les livres d'histoire ont instruit des générations d'écoliers français.

Première partie

Les deux premiers chapitres sont consacrés à la Patrie et au Patriotisme. La Patrie charnelle, le pays où l'on naît, où l'on grandit et que l'on apprend à aimer c'est la France, celle du passé, auréolée de gloire, marquée par le « *souvenir des glorieux faits d'armes de nos pères, étonnant le monde par leur audace et leur bravoure* » mais c'est aussi la France du présent et de l'avenir. Le professeur ajoute qu'il entend ainsi développer chez ses élèves le

« sentiment de l'honneur militaire, du devoir et aussi celui de leur dignité de jeunes soldats. »

Le Patriotisme est présenté comme « cet attachement, ce culte que nous avons voué à notre pays d'origine ; un sentiment, un élan du cœur qui, nous faisant tout naturellement aimer la patrie, nous fait aussi désirer de la voir toujours plus grande et plus forte ».

L'exemple donné pour illustrer cet élan naturel et spontané est l'appel de l'Assemblée législative en juillet 1792 déclarant la Patrie en danger alors que *« nos frontières sont menacées de toutes parts par des armées aguerries, disciplinées, dont les chefs ne poursuivent d'autre but que le rétablissement de l'Ancien Régime »*. L'élan patriotique a sauvé la Révolution et ce fut la victoire de Valmy remportée par Dumouriez [2] sur l'armée austro-prussienne. Le chapitre se termine par un « Eloge du Patriotisme » sous la plume de Georges Clémenceau.[3]

---

[2] **Général Dumouriez** : vainqueur avec Kellermann de la bataille de Valmy sur l'armée austro-prussienne le 20 septembre 1792 mettant fin à l'invasion de la France révolutionnaire.

[3] **Georges Clémenceau** : Homme politique français (1841-1929) nommé chef du gouvernement par le Président Raymond Poincaré en 1917, a restauré la confiance de la nation, a présidé la Conférence de Paris et négocié le Traité de Versailles en 1919.

Consacré au drapeau, le Chapitre III commence par une citation de Georges Duruy [4] : « *Je suis l'image auguste de la Patrie* »

Le drapeau est en effet tenu non seulement pour l'emblème mais pour « le représentant palpable de la Patrie ». « Partout où il flotte, c'est la France … Ainsi, ce ne sont pas la soie, les broderies d'or qui nous le font aimer ; c'est l'idée qu'il représente, c'est l'évocation de la Patrie malheureuse qui se présente à notre esprit lorsque nous le voyons en danger, c'est la joie de songer à notre France glorieuse et respectée lorsqu'il flotte avec assurance au-dessus de nos têtes… »

Ce chapitre comporte un historique du drapeau au cours des siècles, remontant à Bouvines[5], évoquant les heurts et malheurs des armées sur divers champs de bataille mais c'est notamment le drapeau de la République, drapeau tricolore, qui est à l'honneur à travers les glorieux faits d'armes accomplis, les victoires remportées et les défaites subies. Il fait l'objet de plusieurs récits

---

[4] **George Duruy: (1853-1918) : Professeur de littérature et d'histoire à l'E cole polytechnique de 1892 à 1912, préfacier de l'ouvrage de Maurice Loir intitulé Au Drapeau !**

[5] **Victoire de Philippe Auguste sur Jean sans Terre, 1214**

héroïques où les soldats français prennent d'énormes risques pour enlever le drapeau à l'ennemi car ce « simple chiffon » sur lequel était inscrit « vaincre ou mourir » incarne l'âme de la Patrie.

Le drapeau apparaît comme une sorte d'ange protecteur, il revêt un caractère quasi religieux, objet de vénération en raison des valeurs sacrées qu'il symbolise. Georges Duruy, chantre du drapeau, évoque avec lyrisme et panache le drapeau personnalisé et sacralisé.

« Á Valmy, à Jemmapes, à Fleurus j'ai fait flotter les trois couleurs à la tête des irrésistibles légions de la République. Cloué à un tronçon de mât, j'ai eu le dernier regard, la dernière pensée des marins du Vengeur lorsqu'au son de la Marseillaise, leur navire criblé de boulets s'enfonçait lentement dans les flots.
« Á Austerlitz et à Iéna, j'ai été sacré d'une gloire immortelle par les armées du Grand Empereur, à l'heure des revers, pendant la funèbre retraite de Russie, c'est autour de moi que marchaient, rangés en un silence farouche les survivants de la Grande Armée … Mais ce n'est pas la guerre, les conquêtes seules que j'ai promenées à travers le monde. Mon éternel honneur sera d'y avoir porté aussi le généreux esprit de la France. J'ai détruit le vieil édifice féodal, abri de séculaires iniquités qui pesaient sur

l'Europe. Dans tous les lieux où j'ai passé, j'ai semé, je sème encore la Liberté.

J'ai bien mérité de l'humanité, j'ai conquis, mais j'ai délivré ».

Ce chapitre est un cours de fierté nationale, on y enseigne la grandeur et la générosité de la France, bien que le jugement porté sur l'époque féodale soit arbitraire et caricatural. Ces jeunes étudiants devaient avoir une haute opinion de leur pays, de leur Patrie et se sentir forts et fiers d'être Français et de servir la France.

Il en était d'ailleurs ainsi des écoliers français de l'époque, qui, sous la houlette des « hussards noirs de la République » selon le mot de Charles Péguy pour désigner les instituteurs, baignaient dans le même esprit, inspirés des mêmes valeurs cultivées par l'histoire de France d'Ernest Lavisse et la lecture du « Tour de France par deux enfants » (sous-titré « Devoir et Patrie »)[6]. Ce récit vivant et édifiant inculquait aux écoliers l'amour de la France à travers sa géographie, les bienfaits de l'ordre social établi, toile de fond des dynamiques progrès réalisés dans les domaines scientifique, technique, artisanal et industriel. La Troisième

---

[6] G. Bruno Le Tour de France par deux Enfants, Librairie classique Belin, Paris, 1945

République voulait modeler dans ses écoles les citoyens dont elle aurait besoin, et les hussards noirs, formés à ce sacerdoce laïc s'acquittaient avec fierté, autorité et dévouement de cette fonction d'élite. C'est ainsi que Péguy[7] les décrit dans *L'Argent*[8]

« De tout ce peuple les meilleurs étaient peut-être encore ces bons citoyens qu'étaient nos instituteurs … C'était le civisme même, le dévouement sans mesure à l'intérêt commun. Notre jeune école normale était le foyer de la vie laïque, de l'invention laïque… Nos jeunes maîtres étaient beaux comme des hussards noirs, svelte, sévères, sanglés, sérieux et un peu tremblants de leur précoce, de leur soudaine omnipotence ».

Après avoir instruit les jeunes futurs soldats des fondements de leur mission, à savoir, la Patrie, entité à la fois charnelle et métaphysique à la protection de laquelle ils vont s'engager, le patriotisme qui s'y rattache et l'exalte, sous l'égide du drapeau tricolore, emblème fédérateur et sacré, le cours aborde la principale fonction du soldat qui est la guerre définie comme la lutte armée entre États, considérée comme un phénomène historique et social, englobant les questions militaires,

---

[7] Charles Péguy (1873-1914) Écrivain et poète français catholique tué au début de la bataille de la Marne, à Villeroy le 5 septembre 1914.
[8] Charles Péguy, *l'Argent*, NRF Gallimard, 25ᵉ édition, juin 1947, page 25

l'organisation des armées en temps de paix comme en temps de guerre.

Le **Chapitre IV** traite de la Guerre et le Lieutenant Besse ouvre son cours sur une nouvelle qu'il vient de lire dans la presse, annonçant la déclaration de guerre du Monténégro à la Turquie.

Il s'agit en fait de la première guerre des Balkans déclenchée le 17 octobre 1912, opposant les quatre pays de la Ligue balkanique (les royaumes de Serbie, Monténégro, Grèce et Bulgarie) à l'empire ottoman (Sublime Porte/Turquie). C'est le Monténégro qui, le premier, a déclaré la guerre aux Ottomans le 8 octobre 1912, suivi peu après, le 17 octobre, par les trois autres membres de la Ligue.

Prélude à la Première Guerre mondiale, cette première explosion de la poudrière balkanique, annoncée en ce jour d'octobre 1912 dans la salle de classe des Enfants de troupe des Andelys était prémonitoire car elle allait sceller leur destin. En effet, elle allait dégénérer et s'envenimer pour atteindre son paroxysme le 28 juin 1914 à Sarajevo (capitale de la Bosnie-Herzégovine annexée par l'Autriche) avec l'assassinat, par un indépendantiste serbe, de l'héritier au trône d'Autriche, l'Archiduc François-Ferdinand et de son épouse. Cette tragédie allait servir de prétexte au déclenchement de la gigantesque et féroce conflagration de 1914-1918, dans laquelle ces jeunes enfants de troupe allaient être impitoyablement entraînés.

Les tentatives d'interventions pacificatrices entreprises pour calmer le jeu semblent irréalistes et le lieutenant Besse ironise sur les « *utopistes qui rêvent de paix éternelle, d'arbitrage international* », se référant à Leibniz[9] auquel il attribue cet aphorisme : « *La paix perpétuelle n'est possible qu'au cimetière* ». En réalité cette citation quelque peu cynique n'est pas de Leibniz mais est relatée par Kant[10] dans son ouvrage « *Essai philosophique sur la paix perpétuelle* » expliquant qu'il s'agit d'une inscription satirique : « À la paix perpétuelle » gravée par un aubergiste hollandais sur l'enseigne de son établissement, où il avait fait peindre un cimetière.

L'arbitrage international ne semble pas être pris au sérieux bien qu'il existât une Cour permanente d'arbitrage établie en 1899 par la Conférence de la Paix, tenue à La Haye.

---

[9] **Leibniz, Gottfried Wilhelm (1646-1716) philosophe et mathématicien allemand. En philosophie ses thèses sont exposées dans la monadologie. En mathématique il invente le calcul différentiel.**

[10] **Emmanuel Kant (1724-1804) philosophe allemand, auteur de la Critique de la raison pure.**

Passant brièvement en revue les raisons de faire la guerre, qui a existé de tout temps, citant à ce propos l'explorateur anglais Richard Burton « *Si la paix est le règne des sages, la guerre est l'histoire des hommes* » le professeur précise que :

« La guerre est déclarée après consultations avec le corps législatif, c'est dire que pour une grande nation comme la nôtre, il n'y a conflit que si notre honneur est engagé ou si des intérêts considérables sont en jeu ».

Vu les risques, les dangers et les possibilités d'issue catastrophique, la guerre ne peut être engagée à la légère mais comme elle demeure une éventualité, il faut s'y préparer, ce qui confirme la validité de l'adage latin : « si vis pacem, para bellum » (Si tu veux la paix, prépare la guerre). Dans un récent discours, Raymond Poincaré [11] justifie ce principe lorsqu'il déclare :
« Une nation pacifique qui ne saurait pas se faire respecter serait à la merci du hasard. Tant qu'il y aura à la surface du globe des peuples capables d'obéir inopinément à un idéal belliqueux, les peuples les plus sincèrement fidèles à un idéal de paix sont dans l'obligation de rester prêts à toute éventualité ».

---

[11] **Président de la IIIᵉ République (1913-1920).**

En conclusion de ce bref exposé sur la guerre il ressort qu'on est aujourd'hui davantage attentif à la notion d'humanité qui limite les conflits, empêche les violences inutiles et interdit tout ce qui excède l'objectif initialement fixé dans la déclaration de guerre. *« Les circonstances qui entourent une rupture entre deux nations ont évolué, les guerres semblent de moins en moins fréquentes [la dernière, est celle de 1870-71 remontant à quarante ans] et pourtant plus que jamais il faut travailler dans le désir d'être les plus forts en vue d'une lutte toujours possible ».*

Le souci d'humanisation des conflits était déjà inscrit dans la *Conv*ention de Genève du 22 août 1864 pour l'amélioration du sort des militaires blessés dans les armées en campagne.

Au Chapitre V il est question des forces morales. Si l'on compare l'armée d'autrefois et celle d'aujourd'hui on ne peut qu'en constater l'évolution par les progrès réalisés dans l'armement grâce aux avancées scientifiques et techniques. Il est cependant un facteur essentiel et déterminant qui ne relève pas du perfectionnement des armements mais des qualités morales des combattants. C'est ce que Bergson appelait « les forces qui s'usent et celles qui ne s'usent pas ».

Le règlement de manœuvres les définit ainsi : « L'honneur, le patriotisme inspirent le plus noble dévouement, l'esprit de sacrifice et la volonté de vaincre assurent le succès, la discipline garantit l'action du commandement et la convergence des efforts. »

Ces forces morales constituent l'ensemble des qualités militaires soulignées dans le *Règlement de manœuvre*, à savoir énergie, courage, dévouement, initiative, car sans elles le matériel même le plus moderne, perd de son efficacité. Si le jour du combat le soldat se montre apeuré, pris de panique, sans ressort, non seulement il sera inutile mais également nuisible. Bien qu'il ne soit pas isolé, mais membre d'une troupe, d'un corps, il peut néanmoins être chargé d'une mission individuelle et doit savoir que le succès d'une opération repose parfois sur la perspicacité, l'esprit d'initiative, la bravoure d'un seul. Le soldat ne peut en aucun cas se montrer poltron et lâche.

Deuxième Partie

Le <u>Chapitre VI</u> se rapporte aux qualités militaires et s'articule autour des neuf thèmes suivants :
(1) L'esprit de discipline a de tout temps été considéré comme la qualité essentielle du soldat. Le règlement sur le service

intérieur précise que « *la discipline demeure plus que jamais la force capitale des armées* » car elle a pour objet de tendre toutes les volontés vers un but commun et les faire obéir promptement au commandement. Cette obéissance spontanée est garante de la cohésion au sein du groupe et de son efficacité dans l'action.

(2)   Volonté et sang-froid. Il est évident que la volonté, faculté de se décider à agir, est une qualité majeure pour le soldat et le chef. En campagne il faut des gens au caractère fortement trempé, capables de décider sans hésiter. Il n'y a pas de place pour les indécis. Le soldat doit être en mesure d'affronter les vicissitudes du combat, de surmonter souffrances et privations, de supporter stoïquement les scènes terrifiantes auxquelles il est confronté sur le champ de bataille.

(3)   Énergie et ténacité, complémentaires de volonté et du sang-froid, elles constituent la force morale grâce à laquelle le soldat peut utiliser au mieux ses ressources physiques, l'aidant à dompter la douleur, à vaincre la peur et le découragement au milieu d'épreuves prolongées.

(4)   Solidarité. Le lien de responsabilité mutuelle qui s'établit entre les membres d'un groupe trouve sa pleine expression dans l'armée où les grandes unités interarmes : artillerie, infanterie,

cavalerie, génie, ont des rôles complémentaires et s'appuient réciproquement tout en maintenant une liaison constante.

(5) Courage, bravoure, intrépidité, mépris de la mort, héroïsme. Toutes ces qualités militaires s'associent, se combinent, se complètent et se manifestent dans la plupart des exemples cités de faits militaires éclatants, où les limites des forces humaines sont dépassées.

(6) Le caractère est présenté comme la marque d'une forte personnalité, sûre d'elle-même, ce qui implique la confiance en soi et l'esprit d'initiative.

(7) Le dévouement est ainsi décrit : « c'est le sentiment qui nous pousse à aider, à protéger, à secourir nos semblables, cela quels que soient les risques à courir. Ce n'est pas là une qualité exclusivement militaire, mais la camaraderie qui existe dans l'armée, surtout en campagne tend à rendre plus naturels les actes de dévouement. »

De même, la définition de l'esprit de sacrifice rappelle la vocation quasi sacerdotale du soldat. « L'esprit de sacrifice et d'abnégation est le sentiment qui préside aux décisions que nous prenons de sang-froid, dans toute la plénitude de nos moyens, de nous sacrifier entièrement et sans arrière-pensée pour être utile à notre pays, à l'armée, à nos camarades. »

(8)   L'honneur est donc une force de cohésion et d'unité au sein du groupe ; il se rattache au devoir de responsabilité et de loyauté qu'ont les soldats entre eux : « *C'est l'honneur militaire qui créé entre tous les membres de la grande famille de l'armée cette solidarité si étroite que dans les circonstances critiques chacun d'eux expose sa vie pour sauver la vie du groupe d'hommes dont il fait partie, et ce lien de parenté dont les devoirs sont plus rigoureux que ceux de la parenté du sang.* »

(9)   La Gaîté. Malgré les dangers, les risques, la fatigue, l'épuisement, les soldats ne se départissent pas de leur bonne humeur et ne manquent pas de donner libre cours à la gaieté pour se détendre, et rire lorsque l'occasion se présente dans des situations insolites ou cocasses. Il se trouve toujours un gai luron pour plaisanter et remonter le moral de ses camarades.
« Cette gaieté se manifeste aussi par la chanson de route qui fait oublier la lourdeur du sac et la longueur de l'étape. Elle se manifeste également dans les phases critiques par les chants fougueux et entraînants… »

C'est ainsi que l'exposé sur les qualités militaires se termine sur cette note vibrante et victorieuse qu'est la gaieté.

Dans ce panthéon de héros militaires ayant fait preuve d'exceptionnelles vertus d'audace, de bravoure, d'héroïsme, d'esprit de sacrifice, de génie stratégique et de foi en la victoire, Jeanne d'Arc est la grande absente. Il est vrai qu'à cette époque (1912-1913) elle n'avait pas encore été reconnue comme héroïne nationale, ce qui adviendra en 1920, également année de sa canonisation.

CHAPITRE IV

Les Adieux

« La victoire en chantant
Nous ouvre la barrière
La liberté guide nos pas… »
(Chant du départ –Étienne Nicolas Méhul 1794)

Le « **Carnet de promotion** » est préfacé par une notice biographique de Charles Joseph Lovy, Sergent fourrier au 2^{è} Régiment de Tirailleurs algériens (5 juin 1880-29 mars 1903)

« Le 24 septembre 1904, la promenade du quai de Baluzes à Tulle s'emplissait d'une foule joyeuse et fière. La cité était décorée. La foule se rendait au rond-point de la promenade.

La Corrèze glorifiait l'un de ses enfants, un soldat mort au champ d'honneur. Bientôt les rangs s'écartent et Monsieur Berteaux (Ministre de la guerre), accompagné des généraux Abaud et Bruyère s'avance. De toutes parts jaillissent les plus vives acclamations tandis que les musiciens jouent l'hymne national. Tour-à-coup, le silence se fait, le voile tombe et le monument apparaît dans la fraîche lumière du matin. Une femme, belle et forte élève d'une main un rameau de lauriers, de l'autre elle reçoit un tirailleur qui s'affaisse, les bras étendus, et inerte, enveloppé dans les plis du drapeau, la bouche râlant un dernier souffle. La femme c'est la France et le tirailleur, c'est Lovy.

Le piédestal porte ces glorieuses lignes : « Á l'Enfant de Troupe, Charles Joseph Lovy, sergent fourrier au 2ème Régiment de Tirailleurs Algériens, né à Tulle, le 5 juin 1880, mort au champ d'honneur le 29 mars 1903 au combat de Ksar-el-Azoudj ».

Sur la face opposée : « Mourrons s'il le faut, mais sauvons les camarades – quant à moi, ils ne m'auront pas vivant » (paroles de Lovy sur le champ de bataille).

....

Ce passage illustre parfaitement les principes d'héroïsme et d'abnégation inculqués par le cours de récits militaires, et que l'on retrouve dans l'enthousiasme, la confiance, la fierté, la fougue exprimés par les messages d'adieu consignés sur ce carnet.

Certaines formules sont banales mais la plupart sont chaleureuses et traduisent bien les sentiments de ces jeunes garçons qui se sont côtoyés durant quatre ans, se connaissent bien, s'apprécient et s'estiment en général.

Ils reconnaissent les tensions et les différends qui ont parfois terni leurs relations mais le moment est venu d'oublier ces vétilles qui n'ont plus de sens devant ce qui les attend maintenant, ils ont hâte d'aller se battre pour la France, de venger leurs vaillants camarades déjà tombés.

On les sent soudés par une forte camaraderie, un esprit de corps, une fierté d'appartenir à la promotion Lovy, et la volonté de continuer à lui faire honneur. Le patriotisme et l'esprit de sacrifice débordent, ils se sentent prêts à affronter l'ennemi et sûrs de la victoire, ils se donnent déjà rendez-vous à Berlin. Ils aspirent à quitter l'école, les quatre murs, ils veulent la liberté. Ce qu'ils ignorent c'est qu'en 1914, la France n'est pas prête à affronter l'armée allemande beaucoup mieux équipée et organisée, disposant d'une puissance de feu nettement supérieure, et qui sous peu se trouvera à 30 kms de Paris.

Ils expriment leur regret sincère de quitter un bon copain. Ils expriment aussi une grande estime et même admiration pour Henri, sa personnalité, son comportement, ses ambitions, et les souhaits de rapide avancement et de galons sur les manches sont souvent formulés.

Ces messages sont extrêmement intéressants et émouvants car ils nous font pénétrer dans la vie de l'école, dans son intimité à travers ces jeunes soldats déterminés et sûrs d'eux mais qui sont tout de même encore des adolescents, bientôt chargés de lourdes responsabilités et lancés dans la tourmente.

Ils montrent en outre que ces jeunes soldats dont le niveau scolaire était généralement le brevet élémentaire savaient s'exprimer clairement, dans un français correct, avec un vocabulaire expressif et sans fautes d'orthographe.

Passons maintenant à la lecture des plus caractéristiques de ces mots d'adieu ou d'au revoir dans l'ordre où ils se présentent sur l'original.

• Le sigle MplF signifie « Mort pour la France »

1. Cher Henri – Le jour tant désiré pour moi est arrivé ; aussi suis-je heureux de quitter l'école car je n'aurai plus les gradés sur le dos, surtout d'avoir la liberté que l'on n'a pas eue pendant les années passées à l'école, malheureusement il faut quitter les camarades que l'on a eus après quatre années passées en vrais frères, aussi toi, que j'ai toujours beaucoup estimé surtout depuis deux ans, je tiens à te laisser ce petit souvenir avant de te quitter, ce n'est pas beaucoup, mais plus tard, quand tu reliras ces quelques lignes, elles te feront penser aux camarades que tu as préférés pendant ton séjour au bagne. Mon vieux Henri songe que celui qui te quitte ne t'oubliera jamais, et j'espère que lorsque je

serai au régiment tu m'enverras de tes nouvelles qui seront toujours les bien venues, et moi je ferai de même pour toi, et surtout si tu veux me faire plaisir, ce sera de m'envoyer ta photo que je garderai en souvenir et qui me rappellera un bon camarade que j'aimais beaucoup.
Un camarade de la promotion Lovy qui ne t'oubliera jamais.

(Signé Puig) (MplF le 28 octobre 1914 à Monchy - Pas-de-Calais)

----

2.   Mon cher Barthet – Le jour de la délivrance est enfin arrivé et je pars du reste avec regret en songeant à ceux qui vont rester à languir au milieu de ces quatre murs.

Crois en mon amitié sincère ; je garderai de toi ainsi que de la belle promotion 1910-1914 un parfait souvenir.

Aie confiance en l'avenir, espère toujours, prends patience.

Avec l'espoir de te revoir, je te serre la main affectueusement,

(Signé : Beaulieu) MplF : date inconnue - la fiche de Beaulieu ne figure pas sur le site Mémoire des Hommes ».

----

3.   Mon cher Henri - Le jour de la fuite est enfin arrivé pour moi, mais je ne veux pas te quitter sans te laisser un dernier souvenir. Avant que nous ne nous quittions peut-être pour toujours, je tiens à te prouver mon amitié en te signant ce cahier.

Maintenant, mon cher Henri, j'espère bien que lorsque tu reliras ces lignes tu te souviendras d'un ami qui fut toujours dévoué pour toi et qui t'aimait beaucoup puisque tu comptais parmi mes meilleurs camarade.

Un ami sincère de la célèbre promotion Lovy. Ton dévoué,

(Signé : Abel Bonnifet de la Bande Noire)
MplF le 8 juillet 1916 à le Côte 149 près de Souain (Marne)

----

4.   Cher Copain - Voici enfin pour moi l'heure à laquelle je retrouve la liberté que j'avais perdue depuis les quatre années passées ensemble, et avec ça je ne peux même pas m'engager où je veux. Tu vois cette sale boîte, je ne regrette qu'une chose c'est de quitter mes bons camarades et toi tu étais du nombre. Rappelle-toi la 2e Section de l'ancienne 2e Cie que tous les gradés gobaient bien.

----

5.   Cher Camarade - Quelques jours encore et je vous aurai quittés pour longtemps sans doute et je crains fort que l'avenir ne nous rassemble jamais. Aussi avant mon départ, je tiens à t'écrire ces quelques mots d'adieu ou plutôt d'au revoir car il faut espérer malgré tout que le hasard nous mettra tous deux, quelque jour, en présence. Je veux aussi te dire bonne chance dans le nouveau chemin où tu entreras bientôt, et une fois de plus, au revoir.

Ton camarade,

(Signé : R. Augé) MplF le 11 mai 1915
à Loos (Pas de Calais)

----

6.   Mon cher Barthet - Je ne veux pas partir sans te laisser à toi aussi quelques lignes de souvenir qui te feront plaisir. Je ne t'oublierai pas malgré les centaines de kilomètres qui nous sépareront.

Lorsque plus tard, je jetterai les yeux sur mon cahier de promotion, je dirai en voyant ton nom, Barthet fut un de mes bons camarades. Si je puis t'envoyer une photo je ne t'oublierai pas, mais en mémoire de toi je tiendrais aussi à avoir la tienne. Enfin, comme je resterai toujours en communication avec le peloton, mon adresse ne te sera pas inconnue. Je te quitte, au revoir.
(Signé : Caussin) MplF le 8 octobre 1915 à Perthes (Marne)

----

7.   Cher ami - Je ne veux pas te quitter sans te laisser un petit souvenir après le temps que nous avons passé ensemble. Je t'adresse mes vœux les plus sincères de réussite dans la vie militaire. Écris-moi souvent, moi je ferai de même, je ne t'oublierai pas, je penserai toujours à toi qui fut un des amis de mon frère. Au revoir et bon courage si tu vas voir les boches.

Un ami de promotion,

(Signé : Le Boudec) MplF le 11 septembre 1914 à l'hôpital auxiliaire 407 de Romorantin (Loir & Cher)

----

8.   Mon vieux Henri - Le jour de la délivrance est enfin arrivé pour toi. Aussi je ne veux pas que tu me quittes sans te laisser ce souvenir, si modeste soit-il.

J'espère te revoir sans tarder puisque je m'engage dans ton régiment. En attendant, je te souhaite bon courage et bonne réussite.

Un camarade de la Promotion LOVY

(Signé : J. Le Garrec)
Vive la Promotion LOVY et vive la France, À Berlin !!!

MplF le 28 février 1915 à Ste Ménehoulde (Marne)

----

9.   Mon vieux Copain - On s'en va dans l'espoir de voir les boches, je souhaite que ton désir soit exaucé ; fais de la bonne besogne et fais voir que les enfants de troupe n'ont jamais peur. Je te souhaite bonne chance et un bon avenir. Dans l'espérance de nous revoir après cette campagne.

Ton copain qui n'oubliera pas la promotion LOVY.
(Signé : L. Hammer) MplF le 31 mai 1918 à Noyon près de Nampcel (Oise)

----

10.   Mon cher Barthet - Au moment de la séparation on oublie tout n'est-ce pas ? Et c'est pourquoi, avant de partir, je veux te laisser quelques lignes afin que tu aies si possible un bon souvenir de moi dans l'avenir.

Peut-être ai-je eu des torts envers toi, c'est même probable, aussi je te prie de bien vouloir les oublier. De mon côté j'oublie tout pour ne penser qu'à cela : que nous avons vécu quatre années ensemble, et que dans une promotion nous devons tous être camarades.

Je t'adresse donc mes vœux sincères de bonheur, de réussite, et surtout de chance devant ces « boches » maudits.

Un camarade qui gardera un bon souvenir de toi.

(Signé : Georges Daufin) MplF le 17 juillet 1917 à Orel (Belgique)

----

11. Cher collègue - Enfin le moment de la délivrance va bientôt arriver. Je ne veux pas te quitter sans te laisser un souvenir d'un collègue qui a été sous tes ordres en 4ème Cie. Je me rappellerai toujours de toi car tu fus bon envers moi   Je ne vois plus rien à te dire si ce n'est que l'on se quittera pour se revoir à Berlin ou autre part.

(Signé : J. L'Hotelier) MplF le 2 juillet 1915 à la Forêt d'Argonne (Meuse)

----

12. Mon cher Henri – Ce n'est pas sans éprouver une profonde peine que je t'écris ces quelques lignes d'adieu car se quitter ainsi au milieu de la plus parfaite amitié est vraiment douloureux.

En 1ère Compagnie et en ces quelques jours de 1er peloton, j'ai su apprécier les qualités que tu possèdes ; j'ai enfin trouvé en toi un ami sûr et dévoué. Je conserverai donc au plus profond de mon cœur un bon et inoubliable souvenir de notre bonne amitié. Tu pars pour le 27e. Je ne te dis pas accomplis ton devoir de soldat, je ne fais aucune recommandation car je sais que tu es à la hauteur de la tâche et que comme nous tous tu glorifieras la fière promotion LOVY.

Adieu mon cher Henri, que mes meilleurs vœux de bonheur, de bonne chance t'accompagnent. Rappelle-toi seulement de moi. Je n'ai jamais été un brillant élève mais sois certain j'ai toujours été un dévoué ami. Bon courage et Mort aux boches.

(Signé : Marcel Thomas)

----

13.   Mon cher Barthet - Le jour de la délivrance est enfin arrivé et je pars du reste avec regret en songeant à ceux qui vont rester à languir au milieu de ces quatre murs.

Crois en mon amitié sincère ; je garderai de toi ainsi que de la belle promotion 1910-1914 un parfait souvenir.

Aie confiance en l'avenir, espère toujours, prends patience.

Avec l'espoir de te revoir, je te serre la main affectueusement,

Signé : (Beaulieu - MplF le ? (Introuvable dans la base de données Mémoire des Hommes)

14. Cher Henri - Voilà bientôt l'heure où nous allons nous quitter qui approche, aussi, avant de partir, c'est avec grand plaisir que j'écris ces quelques mots sur ton cahier de promotion. Sois sûr que même loin de toi, je garderai un très bon souvenir de ce cher Barthet avec qui j'aimais m'entretenir quelques instants.

Chaque fois que tu reliras ces quelques lignes tu penseras en toi-même que jadis il y avait à l'École des Andelys un camarade qui ne t'oublie pas car ta camaraderie et ton estime s'étaient ancrées dans son cœur. Donc avant de partir reçois d'un ami tous ses meilleurs vœux de bonne santé, de bonheur et de réussite pour la vie future.

Un Camarade de Promotion qui pense à toi.

(Signé : Paul Gautier)

----

15. Cher Henri -Déjà se quitter ! Envisage notre séparation ; les quatre années passées ensemble ne te paraissent-elles pas relativement courtes ? Et ces mêmes années vues moment par moment, paraissent longues, longues, interminables. Quelle bizarrerie !

L'année passée en 3e Compagnie est, je crois, ineffaçable pour moi. Et cette année me représente assez de souvenirs pour que mon ami Henri vive en moi autant que ma mémoire. Je crois qu'il en est ainsi chez toi.

Tu veux aller au feu, n'est-ce pas ? Eh bien que ton désir se réalise. Reviens-nous comme doit revenir un enfant de troupe, c'est-à-dire couvert de gloire.

Bonne chance et au revoir, Un ami,

(Signé : Frédéric Delafenêtre) – MplF le 9 juin 1915 à Cierre (Pas-de-Calais)

16.	Cher camarade – Voilà enfin le moment du départ arrivé, comme moi tu vas bientôt aller offrir ton sang à la patrie dans cette guerre où beaucoup de nos camarades ont déjà laissé leur vie. Allons donc sans crainte marcher dans leurs traces, et vengeons les en allant combattre nous aussi ces maudits de boches qui font le mal de toute l'Europe. C'est là sur le champ de bataille que nous ne cesserons de penser aux copains restés là-bas à l'école et brûlant d'espoir d'aller prendre part comme nous à cette guerre européenne. Nous ne nous reverrons peut-être plus mais nous conserverons de tous les copains de la promotion Lovy un souvenir ineffaçable.

À toi je ne puis que souhaiter bonne réussite et bonne chance pour plus tard.

Un copain de la promotion Lovy

(Signé : Paul Glineur)

MplF le 8 juillet 1919 à l'hôpital militaire de Région à St Mandé suite à maladie contractée en service.

----

17. Mon cher frère – Je ne t'en mets pas long puisque nous nous engageons ensemble mais rappelle-toi qu'après mes parents c'est toi que j'aime le mieux.
Bons baisers fraternels. Pour toujours,

(Signé : Charles Grésil)

Cité à l'ordre du jour de la division le 30 avril 1915 pour sa belle conduite sur l'Yperlée.
MplF : Disparu à l'attaque du 25 septembre à Wailly (Pas-de-Calais).

----

18.   Cher Barthet – Nous allons nous engager et nous nous reverrons puisque je vais aussi au 27ᵉ. Là-bas nous parlerons souvent de l'école avec tous les camarades qui y vont, et c'est avec un vif plaisir que nous reparlerons des petites blagues qui auront été faites pendant nos 4 années d'école.

Si par hasard je n'allais pas au 27 de ligne, je conserverai toujours un excellent souvenir de toi, qui a toujours été pour moi un bon camarade.

Au revoir dans quelques jours.

(Signé : Roger Boiché)

MplF le 25 avril 1916 à Pantavert (Aisne)

----

19.   Mon cher Henri – C'est avec joie que je te dis au revoir mais pour aller au 27ᵉ sur le champ de bataille ou encore à Berlin. Je te souhaite bonne chance comme à ceux qui se sont engagés pendant les vacances. Et si tu fais campagne tout ce que je te souhaite c'est de revenir sain et sauf avec des galons sur les bras.

Au revoir, et à bientôt car j'espère faire comme toi, partir avant mes 18 ans.

Un camarade de la promotion Lovy.

(Signé : Marius Abrivard)

MplF le 23 février 1915 à l'hôpital de Bellac – (Hte Vienne)

----

20.   Accepte d'un camarade de la promotion les meilleurs vœux de chance et de bonheur.
(Signé : P. Marchais)
MplF le 26 octobre 1915 à Mesnil la Courtine (Marne)

----

21.   Parmi ces messages, Henri Barthet fait une mise au point par laquelle il explique comment il a été injustement sanctionné pour indiscipline : Il était clairon dans la fanfare de l'école.

Le 1er juin 1914 : compte rendu fait par le chef de fanfare au lieutenant de musique pour avoir, au cours d'une répétition, et à l'annonce d'une punition à un élève de la 2ème compagnie, crié « Fermez le ban ». Huit pelotons par le lieutenant de musique avec le motif, <u>faux d'ailleurs</u> : « Réponse insolente au chef de fanfare ». Punition modifiée et portée à 4 pelotons le 2 juin.

Le 3 juin, en échange de la punition ci-dessus, suspendu pendant un mois de ses fonctions de chef d'escouade, par ordre du commandant.

C'est ainsi qu'ils sont partis, confiants, vibrants d'enthousiasme, pour une guerre courte et victorieuse, ainsi que le croyait la majorité des Français. Nul ne pouvait alors imaginer que cette guerre allait s'étaler sur quatre ans, entraîner presque tous les pays d'Europe et s'étendre au-delà, sur le front d'Orient. Nul ne pouvait alors prévoir à quel point elle serait meurtrière, dévastatrice et ruineuse, qu'elle allait engloutir une civilisation et qu'après quatre ans de féroces combats, l'Europe allait entrer dans une ère nouvelle.

Les noms de 22 des enfants de troupe inscrits sur ce livret, sont désormais gravés sur le Monument aux Morts de l'École Militaire préparatoire des Andelys

Abrivard, Marius
Augé, Raoul
Barthet, Henri
Beaulieu, Gaston
Boiché, Roger
Bonnifet, Abel
Caussin, Jean
Coroller, Justin
Daufin, Georges
Delafenêtre, Frédéric
Glineur, Paul
Grésil, Charles
Hammer, Lucien
Larocque, Gaston
Le Boudec, Maurice
Le Garrec, Jean
L'Hotellier, Joseph
Marchais, Paul
Millour, Adolphe
Ouvrard, Hubert
Paris, Marcel
Puig, Charles

CHAPITRE V

Sur le Front

« Partout même habitude de se donner corps et âme, même besoin de se dévouer, même désir de porter et d'exercer quelque part l'art de bien souffrir et de bien mourir. » Alfred de Vigny : Servitude et grandeur militaires (1835)

« Une troupe qui ne peut plus avancer, devra coûte que coûte garder le terrain conquis et se faire tuer sur place plutôt que de reculer. Dans les circonstances actuelles aucune défaillance ne peut être tolérée. » Joffre (Ordre du jour 6 septembre 1914)

Enfant de troupe engagé volontaire pour la durée de la guerre, à la Mairie de Rouen, le 30 octobre 1914, Henri Barthet arrive au corps le 2 novembre 1914 et passe caporal le 18 décembre 1914.

Il est affecté au 68e Régiment d'infanterie le 28 avril 1915, et promu aspirant le 21 août 1915.

Dans sa première lettre à ses parents après son engagement, datée d'Angers le 18 novembre 1914, il écrit :

Je vais vous parler de ce que nous avons fait pendant la semaine dernière ; d'abord le lundi la semaine a bien commencé : marche de 24 km et exercice de tir - 24 cartouches de suite et nous avons fait la popote sur le terrain. Mardi marche, manœuvre matin et soir, mercredi et jeudi aussi ; vendredi marche manœuvre le matin et marche de nuit ; le samedi nous avons eu repos. Dimanche j'ai encore vu partir un nouveau détachement pour le front et je suis allé passer mon après-midi chez l'oncle Louis ; ils ont été surpris et j'ai été bien reçu. Je dois y retourner demain avant de partir pour le camp du Ruchard, probablement samedi dans la nuit ou dimanche …

Cette semaine aussi ça marche à la caserne, marche tous les jours, matin et soir. Mais je ne suis nullement fatigué et je ne me plains pas et d'ailleurs je n'ai pas le droit car c'est pour la France.

Dans la lettre suivante, d'Angers également, datée du 19 décembre 1914, il révèle un notable changement, annonçant sa promotion au grade de caporal :

Aujourd'hui, j'ai à vous annoncer une bonne nouvelle ; la voici : le benjamin du régiment est passé caporal le jour de mes 17 ans et demi ayant 45 jours de service. Vous pensez d'une bonne surprise d'apprendre cela car je n'y comptais guère surtout depuis que le lieutenant nous avait dit que nous n'avions pas assez de service. Enfin, voilà mon premier galon arrivé et prématurément pour moi, je n'ai pas encore de galons sur les bras… Je suis passé à la 32ᵉ Cie où je fais l'instruction des bleus de la classe 1915. C'est dur à faire comprendre un mouvement, mais on y arrive à force de bonne volonté.

Je croyais aller voir l'oncle Stéphane (oncle lui-même mobilisé et en garnison à Saint-Denis d'Anjou) demain, mais vous comprenez, rien n'est prêt, les escouades ne sont pas formées, et il n'y a pas moyen d'avoir de permission, si seulement il y était à Noël car j'espère bien d'avoir une permission.

Mes camarades des Andelys sont aussi passés caporaux, mais ils ne sont pas affectés à ma Cie. J'ai commencé cette lettre ce matin, au retour de l'exercice. Cette après-midi, nous avons formé les escouades ; je suis à la deuxième escouade avec le peloton des élèves caporaux. Je pense que mon nouveau métier m'ira bien ; d'ailleurs au lieu de 5 centimes c'est 22 centimes que je touche ; vous parlez d'un pécule.

Sur une carte postale datée du 5 juillet 1915, qui le représente, photo faite chez un photographe à Tours (ville proche du camp de Ruchard où il était à l'entraînement), adressée à ses oncle et tante, il annonce qu'il part pour le front, sans préciser le lieu. Il vient d'avoir 18 ans, anniversaire attendu avec impatience.

D'après l'historique du 68ᵉ R.I.[12] le 3 juillet 1915 le régiment est au repos après avoir pris part à la bataille de Fosse Calonne où il a essuyé de lourdes pertes, et aux attaques de Neuville-Saint-Vaast. Il gagne la région d'Azincourt le 9 juillet, et repart le 14 juillet pour Cinqueux, à l'est de Creil où il reste jusqu'au 5 août. Henri a probablement rejoint le 68ᵉ R.I. entre le 9 et le 14 juillet.

On le retrouve à la bataille de Wailly, le 25 septembre 1915. C'est la grande offensive de Champagne, au nord d'Arras et le rôle dévolu au 68ᵉ est un rôle de sacrifice. Le 29 septembre le régiment est envoyé au secours des Anglais qui viennent de prendre Loos mais sévèrement éprouvés ne peuvent tenir leurs positions. Le 68ᵉ R.I. va tenir le secteur jusqu'au 28 décembre, date à laquelle il est relevé.

Le 22 septembre 1915 Henri écrit à ses parents :

Nous sommes actuellement au sud de la ville dont on parle tant, alors que j'ai fait mon entrée dans les tranchées au nord de cette ville. En ce moment le canon gronde et bien des choses doivent se préparer…

---

[12] **Historique du 68ᵉ Régiment d'infanterie pendant la guerre 1914-18. Imprimerie Berger-Levrault, Nancy-Paris-Strasbourg. Numérisé par Jérôme Charraud.**

Le 19 octobre 1915, sans doute de la région de Loos, il envoie une carte à son frère Raoul, alors aux Enfants de troupe d'Autun – carte photo le représentant avec un camarades, à l'arrière, au repos. Au bas de la photo il a écrit « Nos poilus sur le front ».

Guerre 1914-1915
Nos poilus sur le front

(Henri Barthet à gauche a considérablement changé par rapport à la photo toute juvénile sur la couverture, prise trois mois auparavant)

Le 29 octobre il écrit de nouveau à son frère Raoul, lui disant :

« Oui, nous sommes sortis des tranchées avant-hier. Nous y avons passé sept jours consécutifs et par un sale temps tu sais, de la pluie, du froid tout le temps, dormant un peu pendant le jour et veillant la nuit, mais aujourd'hui, à l'arrière du front, nous sommes bien et nous avons réparé nos forces, nous sommes dispos. »

Après avoir tenu le secteur de Loos, le régiment est relevé et le 8 janvier 1916 se trouve au Bois en Hache dans le secteur de Notre-Dame-de-Lorette.

La dernière lettre d'Henri est datée du 26 janvier 1916, adressée à ses parents, toujours rassurant et détendu, prenant des nouvelles de tout le monde, pensant même à souhaiter l'anniversaire de sa petite sœur France (ma Maman). Il écrit entre autres :

« Nous sommes au repos depuis trois jours et nous partons ce soir. Nous n'avons pas le filon pour les tranchées actuellement ; ce n'est plus le même roulement que lorsque nous étions à Loos ; mais heureusement, nous avons la paix, les boches nous laissent relativement tranquilles pendant la dernière période que nous avons faite ; nous avons fait deux prisonniers à la compagnie ; je vous assure qu'ils faisaient une drôle de tête quand nous les avons amenés dans nos tranchées. »

Dans la première semaine d'avril le régiment se dirige sur Verdun. D'après les témoignages rapportés dans le documentaire Horizons 14-18 voici une description du spectacle que découvraient les soldats :

« Quand on arrivait à Verdun on se trouvait immédiatement au cœur de la fournaise. Les soldats voyaient Verdun à des kilomètres avant d'arriver tant les bombardements étaient intenses. Les nouvelles troupes qui viennent remplacer les morts et les blessés découvrent atterrés la souffrance dans toute son horreur ».

Du 15 avril au 6 mai, le régiment est à Verdun et à partir du 19 avril, à la cote 304 : Dans un couloir d'environ 10 km sur 12 km sur la rive gauche de la Meuse, les deux pitons de la cote 304 et du Mort Homme sont deux points stratégiques qui passent tour à tour aux mains des Français et des Allemands au prix d'énormes pertes.

Les mouvements du régiment sont ainsi décrits dans l'Historique :

Le 19 avril, le régiment se met en marche, et, sous un bombardement violent et continu qui cause des pertes, va prendre position dans le secteur reconnu la veille. Les journées du 20 et du 21 avril se passent sous de violentes rafales. Le 22, à 6 heures, l'artillerie ennemie redouble de violence, et une attaque qui débouche à 14 heures est repoussée. Le bombardement s'accroît de minute en minute, des rafales de 210 et de 150 arrivent par six et douze à la fois sans parler des 105 et des 77. Les deux bataillons en ligne (2e et 3e bataillons) autour de la cote 304 et du bois en Éponge (200 mètres nord de 304) subissent de grosses pertes ; le 1er bataillon en réserve à Esnes n'est point épargné : 210 et 380 y tombent à chaque instant.

Le 1er mai, nouveau bombardement d'une durée de quatre heures avec intensité plus grande sur la ligne de soutien. La nuit du 1er au 2 mai, travaux intenses de notre part, nous portons des postes de mitrailleuses en avant de nos premières lignes. Dans la journée du 2, l'ennemi détruit systématiquement les travaux exécutés la veille. La nuit du 2 au 3 se passe à réparer les dégâts et à faire de nouveaux travaux.

Le 3 mai le bombardement commence à 11 heures. Le commandant Berthelon du 11e bataillon consigne dans son rapport :

« Journée du 3 mai – Le bombardement dure toute la journée avec une intensité qui atteint parfois 30 à 35 coups à la minute dans un rayon de 100 mètres carrés. Le 3 au soir les pertes de ces quatre jours se chiffrent pour le 1er bataillon à 250 hommes, tués ou blessés et 41 disparus enterrés par les éboulements. La proportion des tués est de 50%. La journée du 3 coûte à elle seule 160 hommes, la 4e compagnie notamment a 38 tués... » [13]

Le 3 mai, les Allemands déclenchent l'apocalypse sur la cote 304 : 500 pièces d'artillerie lourde déversent leurs charges sur cette crête. Depuis le Mort-Homme, le mamelon ressemble à un volcan en éruption crachant feu et poussière à plus de 800 m d'altitude. Toutes les batteries françaises qui étaient en position sur la crête sont pulvérisées. Les Allemands se satisfont de cette situation car leur flanc ouest sur le Mort-Homme n'est plus menacé par le feu de 304. [14] Au milieu de la journée, 75 batteries concentrent leur tir sur la cote 304. Le sommet de la crête est laminé, labouré, désintégré. Toutes les tranchées sont nivelées, les hommes et le matériel pulvérisés et les ouvrages considérablement

---

[13] **Historique du 68e Régiment d'infanterie pendant la guerre 1914-18.** Imprimerie Berger-Levrault, Nancy-Paris-Strasbourg. Numérisé par Jérôme Charraud. p. 11-12

[14] verdunmonsite.wordpress.com/rive-gauche/mort-homme, p.1

endommagés. Les Français subissent à nouveau de très lourdes pertes..., et pour réparer ces pertes des renforts sont prélevés sur les 68ᵉ et 290ᵉ R.I. [15]

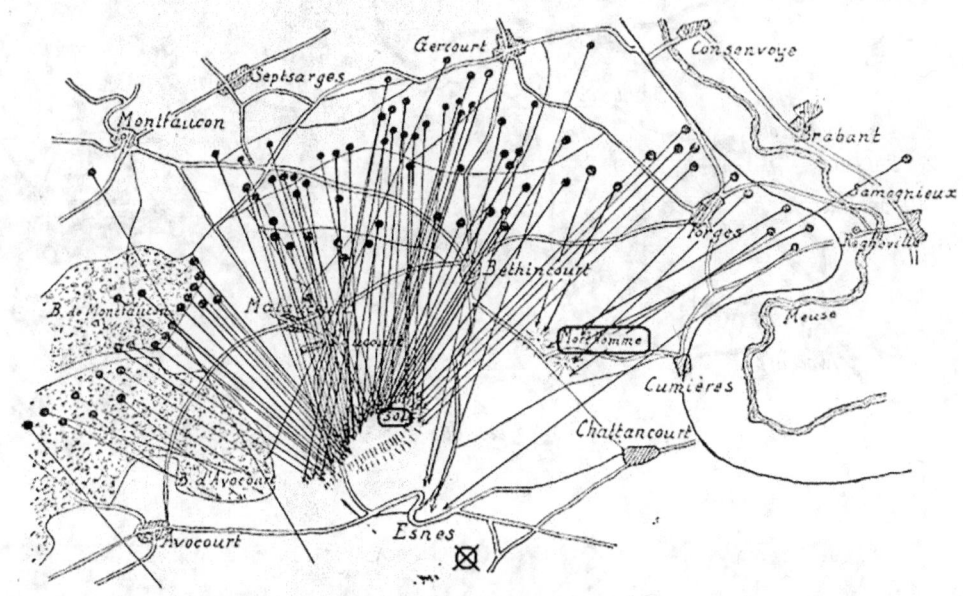

Batteries allemandes qui ont tiré sur 304 les 4.5.6.7 mai 1916.

---

[15] verdunmonsite.wordpress.com/rive-gauche/offensive-rive gauche/cote-304, p.11

Tirs sur 304

Consenvoye
Bois d'Haumont
Meuse
Brabant
Haumont
Montfaucon
Bois de Forges
Forges
Samogneux
Côte 344
Béthincourt
B. des Corbeaux
Côte de l'Oie
Regnéville
Meuse
Malancourt
Champneuville
Bois de Montfaucon
Haucourt
Côte de Talou
Cumières
le Mort Homme
Champ.
Côte 304
B. d'Avocourt
Chattancourt
Charny
Marre
Esnes
Avocourt
Bois-Bourrus Ridge
BOIS BOURRUS
Montzéville
Meuse

Secteur Allemand
0 1 2 3 4 5
Brabant
Bois d'Haumont
Haumont
Bois de Forges
Bois des Caures
Bois de Wavrille
Bois d'Herbebois
Samo-gneux
Forges
Beaumont
Côte 344
Malancourt
Béthincourt
Bois des Fosses
Ornes
Côte de l'Oie
Louvemont
Bois des Corbeaux
Bois des Caurettes
Bois de la Vauche
Bezonvaux
Haucourt
Cumières
Côte de Talou
Mort-Homme
Champs
Canal de l'Est
Vache-rauville
Côte du Poivre
Carrières d'Haudromont
Bois Chaufour
Bois Hassoule
Côte 304
Douaumont Village
Bois d'Hardaumont
Bois d'Avocourt
Bois de Nawé
Ravin de la Mort
Fort
La Meuse
Bois de la Caillette
Chattancourt
Marre
Charny
Bras
Tranchée des Baïonnettes
Ravin du Bazil
Village Vaux
Avocourt
Fort de Vacherauville
Bois des 3 Cornes
Ouv. de Thiaumont
Etang
Fort
Esnes
Côte de Froideterre
Dépôt PC 119
Bois Fumin
Dam-loup
Le Chénois
Bois Bourrus
Fort de Marre
Ouv. de Froideterre
Fleury
Poudière
Chapelle St-Fine
Bois de Laufée
Fort de Bois-Bourrus
Ravin des Vignes
Fort de Souville
Tunnel
Eix
Etain
Verdun
Fort Belleville Village
Fort St Michel
Fort de Tavannes
Fort de Choisel
Voie Sacrée
Troyon
Fort Moulainville Village
Fort de Chana
St Mihiel
Che de fer Meusien
Fort de la Chaume
Citadelle
Bar-Le-Duc
VERDUN
Fort des Sartelles
Fort de Belrupt

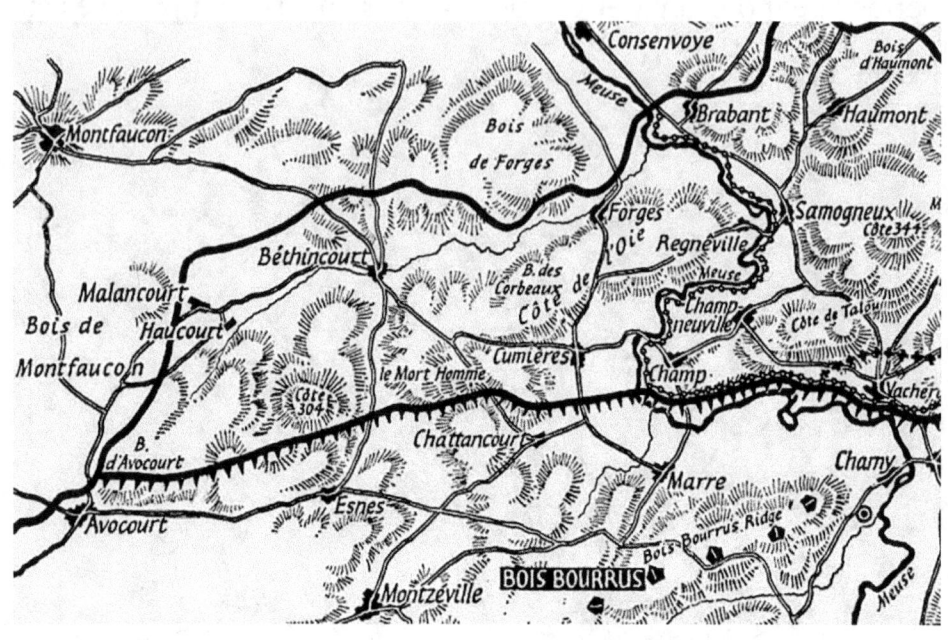

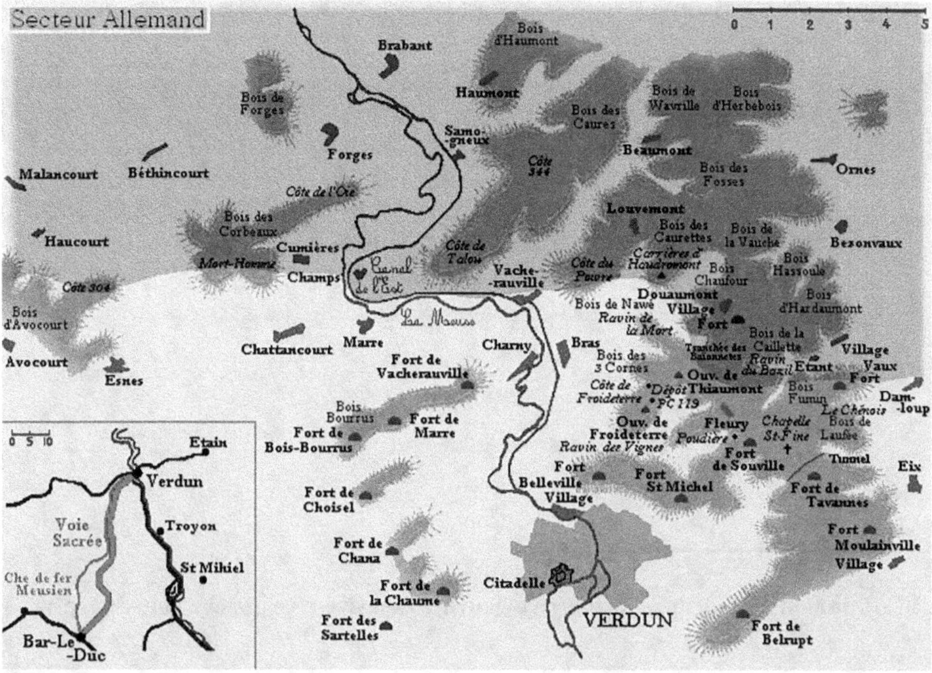

En ce jour de chaleur torride (3 mai) a commencé un bombardement d'une extrême intensité, qui a duré 36 heures. Les Français subissent d'horribles pertes. Sur le front c'est le chaos, les hommes sont enterrés vivants, les vivres et la boisson ont manqué des jours durant et la soif est tellement intenable que certains hommes en sont réduits à boire leur urine. Partout gisent des blessés qui hurlent et ne peuvent être soignés. Il règne une odeur pestilentielle insupportable...

Au cours de la nuit suivante la cote 304 est attaquée et reprise aux Français qui sont totalement anéantis. [16]

Une note ajoute que le pilonnage avait été si intensif qu'à la longue le niveau de la Cote 304 avait baissé de 7 mètres [17]

Pour tenter de restituer les conditions de combat du jeune aspirant Henri Barthet et de ses compagnons d'arme en ce lieu fatidique de la Cote 304/Mort-Homme début mai 1916, il est indispensable de citer quelques témoignages de soldats qui ont survécu à l'hécatombe et à son effroyable cauchemar. La mention portée sur ses états de service, en date du 3 mai 1916 : « blessé en

---

[16] Wereldoorlog1418nl/battleverdun33/index.htm, p. 6
[17] Op. cit. htm, p. 6-7

portant secours à ses camarades ensevelis » décrit sans doute également la manière dont il a dû lui-même trouver la mort, enseveli dans un trou d'obus.

Soldat Romain Darchy : (1er mai 1916) " L'orage passé, nous n'avons retrouvé dans une mare rouge qu'une tête, quelques restes de membres au fond du trou d'obus et des lambeaux sans nom plaqués contre la boue. C'est tout ce qu'il restait de nos pauvres camarades. La violence de l'explosion les avait enfoncés en pleine terre, trois étaient entrés presque complètement dans les parois de la fosse, tassés comme des chiffons.
Je vois ce qui tout à l'heure étaient deux êtres vivants et qui ne sont plus maintenant qu'un amas de boue et de sang. On a rassemblé leurs restes à la hâte au clair de lune et le soir, nous leur avons dit adieu…

On a la gorge serrée et comme une envie de pleurer. C'est fini. Ce soir la loterie recommence, heureux ceux qui ramèneront les bons numéros. "*18*

Soldat Lecuellé du 170e R.I. : (2 mai 1916) : " Nous étions brûlés par la soif. Nous cherchions partout de l'eau, personne n'en

---

[18] **les françaisaverdu-1916.fr/histo-verdun-detaille2, p.9**

avait. Un trou rempli d'une eau verte qui sentait le cadavre était l'objet de nos convoitises, mais les mitrailleuses ennemies le tenaient sous leurs feux. Ceux qui s'en approchaient en rampant lui formèrent bientôt une couronne de cadavres...

Chose étrange, sans souci de l'averse de fer et d'acier, des explosions et des éclatements, des alouettes planaient au-dessus de cette horreur, s'élevaient et s'abaissaient en chantant au soleil. » [19]

Lieutenant Armeilla : (3 mai 1916) " Les Boches viennent de déclencher une attaque sur la cote 304 et le Mort-Homme. Je n'ai jamais vu pareille avalanche de projectiles ; la fumée s'élève à des hauteurs incalculables et forme un rideau tellement épais que le soleil ne le traverse pas. " [20]

D'autres témoignages nous décrivent les mêmes horreurs que vivaient les combattants :

« La bataille de Verdun fut la plus meurtrière des batailles de la Première Guerre mondiale (1914-1918), après l'offensive de la Somme. En 300 jours elle fit 300 000 morts et 400 000 blessés ; statistiquement, 543 Français et 477 Allemands chaque jour... »

---

[19] **Op. cit. , p. 10**
[20] **Op.cit. p. 10**

Le champ de bataille se transforma progressivement en un gigantesque terrain boueux, parsemé de cadavres en putréfaction ; les tranchées, enracinées dans un paysage semi-lunaire, disparaissaient peu à peu au profit d'abris souterrains, ultimes refuges pour tenter d'échapper au déluge d'acier. 'Les vivants sont sous terre et les morts sur la terre' dira un poilu. En outre, l'enjeu des hostilités se porta sur le contrôle des villages, des forts (Douaumont, Vaux, Souville…) ou de simples hauteurs dominant la ville (Mort-Homme, Cote 304) …

Ces points stratégiques, concentrés dans un secteur restreint de 20 km² furent parfois enlevés sans un coup de feu, ou, au contraire, l'objet d'âpres combats. Entre autres exemple, citons le village de Fleury qui fut pris et repris … 16 fois. Lors de combats au corps à corps les soldats s'entretuaient à la baïonnette ou à la grenade. »*[21]*

Le fulgurant discours de François Duhourcau, grand mutilé de guerre, rescapé de Verdun, évoque en des termes hallucinants l'effroi, la terreur qui saisissaient les soldats piégés dans les entrailles de l'enfer. Il consacre en quelque sorte tous les autres récits de cette héroïque, atroce et sanglante épopée.

---

[21] **Milkipress.fr/2017-06-28-labataille-de-verdun-1916-chiffres-anecdotes-témoignages-français-et-allemands. htlm**

"Camarades, vous souvient-il du Tourniquet, sur la Voie sacrée, la route de Bar-le-Duc à Verdun, cordon ombilical de tous les organes de la résistance ? Ainsi les poilus dénommaient-ils le point terminus où les déposaient les camions, au soleil du royaume de la mort.

C'était quelque chose comme la rive du pays souterrain où Charon avec sa barque attend les trépassés. Là aurait pu être gravée, en lettres sanglantes, l'inscription que Dante met au seuil de son Enfer : " Vous qui entrez ici, laissez toute espérance ". Oui toute espérance de vivre, car ceux qui repasseront ce seuil-là seront vraiment des miraculés, des revenants, qui demeureront marqués de l'épouvante subie chez les morts.

Là, tout poilu, dans son cœur, même s'il ne retournait la tête vers le cher pays qu'il pensait ne plus revoir, lui disait secrètement le dernier salut des gladiateurs, ou mieux des Martyrs, pénétrant dans le cirque du Colisée : " Adieu ! ceux qui vont mourir te saluent ! " A ce Tourniquet chacun payait pour passer dans l'enceinte réservée : il payait du sacrifice accepté de sa vie ; il remettait, en vérité, son ticket de vivant. Il le reprendrait à la sortie si Dieu lui prêtait vie jusqu'à une autre fois…

… Alors commençaient les boyaux d'accès, ces canaux de l'enfer, où maints blessés, épaves de la bataille, s'étaient réfugiés, n'en pouvant plus, blessés que trop souvent, hélas ! achevait l'aveugle piétinement des relèves nocturnes.

Puis, c'était l'innommable... Sous la cataracte de flamme et d'acier, le champs de bataille de Verdun, celui que nul autre n'a jamais égalé, au dire de tous les combattants qui connurent les autres terrains de morts, ce paysage de planète foudroyée et submergée tout ensemble, où les chicots des arbres et les vestiges du matériel détruit imposait l'idée d'un fantastique naufrage, d'un engloutissement à la fois par le déluge et par l'incendie, d'une fin atroce dans un cataclysme indicible...

... Là, à la pointe de ce môle de Verdun qu'assaillait l'océan concentré des forces de l'ennemi, la France jetait tous ses fils, régiment par régiment, comme des blocs de granit destinés à briser les flots germaniques déchaînés.

Là, le barrage fut consolidé à force de cadavres. Il a tenu, il devait tenir. " Dût la France entière s'engloutir là, ils ne passeront pas. " Telle fut la résolution que signifia au monde glacé d'effroi le dramatique holocauste de Verdun... " [22]

---

[22] **Extrait d'un discours de François DUHOURCAU, grand mutilé de guerre, prononcé lors d'une conférence faite en 1939.**

En contrepartie de cette saisissante et dantesque vision émanant d'un soldat qui a vécu l'enfer dans sa chair, nous avons la réflexion analytique de l'histoire, cent ans après :
« Verdun est une victoire remportée par la France seule. Une victoire qui n'a été rendue possible que par l'extraordinaire courage du soldat de Verdun. Un soldat qui pendant des mois, a tout enduré, au-delà de l'imaginable et avec un incroyable esprit de sacrifice, parce qu'il avait le sentiment que toute la France était derrière lui pour défendre le sol menacé.
'Sentant peser sur lui l'exigence des nécessités supérieures de la patrie, il accomplissait son devoir jusqu'à la limite de ses forces'.
Ce vibrant hommage au soldat de Verdun est extrait du discours que prononça, le 18 septembre 1927, neuf ans après la guerre, le maréchal Pétain, à l'occasion de l'inauguration officielle de l'Ossuaire de Douaumont....

Toutefois, si le général Pétain est demeuré, dans la conscience nationale, l'incontestable vainqueur de la bataille de Verdun, c'est bien sûr parce qu'il a été le stratège, le chef qui a pensé, organisé et dirigé sa défense. Il a été celui qui a barré la route à un ennemi, alors supérieur en nombre et en matériel et d'ailleurs, ce sont les soldats eux-mêmes – à qui il avait su donner confiance, en dépit de leur infériorité sur tous les plans – qui l'ont désigné dès avril 1917 comme le vainqueur de Verdun »[23] « Ils ne passeront pas ».

Monument du Mort-Homme

« Ils ne sont pas passés »

---

[23] **Alain Dubeaudiez : La Grande Guerre, Autopsie d'un séisme 1870-1935, Éditions Temporis, 2018, pages 279-280**

Monument de la Cote 304

La nature a repris ses droits dans le « paysage de planète foudroyée » où des « cataractes de flamme et d'acier » s'étaient déversées.

Aujourd'hui, sur les Hauts de Meuse, le secteur Cote 304/Mort-Homme est un lieu paisible, un sous-bois léger qui tamise les rayons du soleil, un havre **silencieux**. **Nulle trace** des féroces et sanglants combats qui s'y sont livrés en 1916. Seuls les hautes et élégantes colonnes et les sobres monuments érigés ici et là portent témoignage du cataclysme qui a ébranlé cette terre voici un siècle. C'est un émouvant lieu de mémoire et de recueillement où une paix profonde a remplacé le bruit et la fureur.

On pense à Jeanne d'Arc dans l'émouvant poème de Charles Péguy, disant adieu à sa Meuse bien-aimée :
« Adieu, Meuse endormeuse et douce à mon enfance,
Qui demeure aux prés, où tu coules tout bas.
Meuse, adieu : j'ai commencé ma partance
En des pays nouveaux où tu ne coules pas.
……………..
Quand reviendrai-je ici filer encor la laine ?
Quand verrai-je tes flots qui passent par chez nous ?
Quand nous reverrons-nous ? Et nous reverrons-nous ?

(Charles Péguy : Jeanne d'Arc – Adieu à la Meuse)

CHAPITRE VI

Après la guerre

« Dans une guerre il n'y a ni vainqueurs, ni vaincus, il n'y a que des victimes » (Michel del Castillo)

Cette Grande Guerre, qui devait être la dernière, « la der des der » s'est terminée après quatre ans de massacre, par la victoire de la France et des alliés et la défaite de l'Allemagne qui a signé la Convention d'Armistice le 11 novembre 1918. Certains historiens font valoir qu'il s'agissait plutôt d'une guerre d'usure et qu'il n'y a en réalité ni vainqueur ni vaincu dans ce titanesque affrontement. Les Enfants de troupe de la promotion Lovy s'étaient donné rendez-vous à Berlin, mais le Traité de Versailles n'a prévu qu'une occupation limitée de la Rhénanie.

L'acte final de ce cataclysmique conflit a été le Traité de paix signé dans la Galerie des Glaces du Château de Versailles, le 28 juin 1919, (cinq ans après l'assassinat de l'Archiduc François-Ferdinand à Sarajevo) entérinant la création de la Société des Nations (SDN), dont la première réunion s'est tenue à Paris le 6 janvier 1920. Initiative du Président américain Woodrow Wilson, cette entreprise éphémère sera tout de même une conséquence positive d'une guerre meurtrière qui a ébranlé le monde, complétement bouleversé et redessiné l'Europe, saigné la France et l'Allemagne.

L'adage *si vis pacem para bellum* est toujours d'actualité et l'on voit se constituer de gigantesques et redoutables arsenaux visant à tenir en respect un éventuel agresseur par l'équilibre de la terreur.

Comme le préconisait l'instructeur dans le chapitre sur la guerre, les pays doivent toujours être prêts à réagir contre une éventuelle agression, dans le cadre de la légitime défense. La Charte des Nations Unies endosse, sous conditions, le principe de légitime défense à l'article 51 du chapitre VII :
« Aucune disposition de la présente Charte ne porte atteinte au droit naturel de légitime défense, individuelle ou collective, dans le cas où un Membre des Nations Unies est l'objet d'une agression armée, jusqu'à ce que le Conseil de sécurité ait pris les mesures nécessaires pour maintenir la paix et la sécurité internationales. Les mesures prises par des Membres dans l'exercice de ce droit de légitime défense sont immédiatement portées à la connaissance du Conseil de sécurité et n'affectent en rien le pouvoir et le devoir qu'a le Conseil, en vertu de la présente Charte, d'agir à tout

moment de la manière qu'il juge nécessaire pour maintenir ou rétablir la paix et la sécurité internationales. »[24]

La guerre a changé de nature, les gigantesques massacres de 14-18 ont disparu, le droit international, les traités, ententes, accords se sont imposés pour éviter les affrontements militaires cataclysmiques. Nous entendons parler de « guerre propre », qui réduit les affrontements et combats à des cibles définies.

Actuellement les opérations militaires sur le terrain ne sont plus déployées sur le territoire national, mais à l'extérieur, par une armée de métier, dans des conditions limitées, à la demande des gouvernements intéressés, essentiellement contre le terrorisme, les narcotrafiquants et autres prédateurs ou extrémistes qui mettent certains États en danger.

La Guerre 14-18 a non seulement ébranlé le monde par sa puissance dévastatrice et meurtrière, elle a laissé des cicatrices indélébiles dans l'inconscient collectif des peuples touchés. Plus rien ne pouvait continuer comme avant. Après les combats armés et la pulvérisation de

---

[24] **Charte des Nations Unies et Statut de la Cour internationale de Justice, Département de l'information des Nations Unies DPI 511, juin 1998, Article 51, p. 33**

l'environnement physique, c'est aussi le substrat mental, psychique et spirituel qui a été atteint, labouré, retourné et arraché à son enracinement dans les valeurs traditionnelles.

Des forces irrésistibles ont été libérées, bouleversant tout sur leur passage comme un torrent furieux, forçant et anéantissant dans un bouillonnement effréné les barrières et garde-fou qui préservaient l'ordre établi, ordre social, religieux, moral. Les arts principalement, qui sont les reflets et témoins de l'inconscient, ont avec leur force prophétique, été aux avant-postes pour traduire une nouvelle manière de voir et de sentir le réel. Des tendances déjà ébauchées à la fin du siècle précédent se sont affirmées et on a vu surgir des êtres défigurés, des formes torturées, des arabesques fantasmagoriques, des représentations de l'humain déshumanisé, réminiscences de hideuses et grimaçantes gargouilles.

La musique atonale, dodécaphonique (cacophonique), grinçante, dissonante et douloureuse comme l'âme blessée qui l'a engendrée a repris vigueur, en attendant les actuelles formes binaires et infantilisantes.

La littérature elle aussi et notamment la poésie, musique de la parole, s'est ressentie du chambardement avec l'apparition du Surréalisme qui a fait sauter les règles de tout académisme afin de libérer l'artiste des contraintes qui bloquent la force créatrice de l'inconscient.

Dans le théâtre, l'absurde, le néant, le nihilisme sont devenus des thèmes dominants à travers des discours désespérés et des héros délirants se heurtant à une réalité insaisissable dans un monde qui reste à construire. Bertolt Brecht dont le théâtre, en rupture avec l'art dramatique « ancestral », soutient que la société doit inventer l'art qui lui permettra d'accoucher de son avenir.

Une nouvelle civilisation est sortie des décombres de cette première guerre mondiale, civilisation qui se cherche encore et veut s'incarner dans un nouvel ordre mondial, aveuglément matérialiste, technologique, totalitaire et tragiquement orwellien.

Le vide laissé par tous ces hommes engloutis – avec les valeurs dont ils étaient porteurs - impitoyablement immolés sous l'empire de l'insondable fureur qui, en ce vingtième siècle naissant, a présidé aux destinées de l'humanité, est resté une plaie béante. Contrairement aux attentes de ceux qui s'offraient pour défendre leur patrie dans une juste guerre, espérant l'avènement d'un monde meilleur, ce séisme a engendré un monstre matérialiste redoutable lequel, à la faveur des fantastiques avancées scientifiques et techniques qu'il a suscitées, a peu à peu tué le sens du sacré et miné la force spirituelle et créatrice, seul moteur possible d'un progrès humanisant.

Dans l'immédiat cependant on a déposé les armes, les combats ont cessé, la paix est revenue assortie d'un fragile mécanisme international d'arbitrage et de règlement pacifique des différends, la Société des Nations (SDN). La France victorieuse a recouvré l'Alsace et la Lorraine, la vie continue, et le pays entre dans les « années folles », les années 1920 durant lesquelles une partie de la société veut oublier la guerre et se divertir. Cependant, après avoir fêté la Victoire, la France compte aussi ses morts dont le nombre atteint près de 1 500 000 auxquels s'ajoutent les grands blessés, mutilés, invalides appelés les « gueules cassées ». La France a été amputée de ses forces vives, de sa généreuse et valeureuse jeunesse jetée dans la fournaise.

On ne peut que penser maintenant aux funestes télégrammes envoyés aux familles par l'intermédiaire du maire de la commune (comme celui qui figure en annexe) annonçant la mort ou la disparation de leur soldat, avec la formule consacrée « prévenir la famille avec tous les ménagements nécessaires ». Combien de mères, épouses, fiancées, enfants ont dû subir ce choc douloureux à l'annonce de l'irréparable.

On voit également s'exprimer une sublime et stoïque acceptation du sacrifice, une oblation du soldat sur l'autel de la Patrie : « *Mourir pour la Patrie, c'est le sort le plus beau, le plus digne d'envie...* ». En exemple de cette exaltation patriotique Maurice Barrès [25] fait part de la lettre que lui avait adressée une mère dont le fils fut tué au combat, exprimant avec sa douleur et son chagrin, la fierté d'avoir donné son fils à la France :

« Commandant, »

« *L'anniversaire du sacrifice de mon brave enfant est particulièrement cruel et doux : cruel, parce qu'il me rappelle un jour où je songeais à lui, sans me douter de l'épreuve que sa vaillance allait me coûter ; doux, parce que je ne saurais évoquer la brusque fin de cette pure et courte vie, sous un autre aspect que celui d'un suprême épanouissement.* »

« *Merci, commandant, de tout ce que vous me dites de mon cher petit soldat ; puisse sa mort glorieuse contribuer à la victoire de notre France ; alors je m'agenouillerai, et une fois de plus je dirai : merci !* »

---

[25]. Barrès, Maurice 1862-1923. Écrivain et homme politique français, auteur de la Colline inspirée et les Déracinés, Académie française.

« *Mon cœur de mère reste brisé devant la mort de cet enfant de vingt ans qui était toute ma joie. Ah ! comme à la fois on peut être fier et malheureux !* »

« *Voulez-vous, commandant, être mon interprète auprès de tous ceux qui gardent le souvenir de celui qui est tombé pour la patrie, et leur dire que ma pensée va souvent vers cette terre de Lorraine si chère aux âmes françaises.* »

« *Recevez, commandant…* »[26]

Un tel stoïcisme, un tel amour de la Patrie sont difficilement concevables de nos jours, et fait écho aux vœux de nombreux jeunes soldats comme le rapporte Barrès dans le même texte :

« *Mes chers parents, heureux ceux qui sont morts pour la patrie ! Qu'importe la vie des individus, si la France est sauvée ! Mes bien-aimés, ne pleurez pas… Vive la France !* »[27]

Louis Bélanger, âgé de vingt ans, tué à l'ennemi le 28 septembre 1915, avait écrit aux siens : « J'espère que ma mort ne sera pas pour vous un sujet de tristesse, mais une sensation de fierté. Je désire que mon deuil ne soit pas porté, car il ne faut pas qu'au jour de gloire où la France sera restaurée, le noir vienne ternir le soleil

---

[26] **Barrès, Maurice, Les traits éternels de la France, Imprimerie Müh, Strasbourg, 1920**
[27] **Op.Cit. p. 51**

dont toutes les âmes françaises seront illuminées. »[28] Pour lui obéir, les billets faisant part de sa mort n'ont point été encadrés de noir, mais bordés d'une bande d'argent.

Hubert Prouvé-Drouot, Saint-Cyrien de la promotion de la Grande Revanche, mort au champ d'honneur, donne pour dernière recommandation à sa mère, en la quittant pour rejoindre son régiment : « *Quand les troupes rentreront victorieuses par l'Arc de Triomphe, si je ne suis lus là, mettez vos plus beaux vêtements et soyez-y !* »[29]

Puisque ce mémoire est spécialement consacré à l'Aspirant Henri Barthet, ancien enfant de troupe de l'école des Andelys, il convient de faire le point sur la contribution de ces jeunes soldats à la Grande Guerre.

Au chapitre IV où sont reproduits les messages d'adieu des élèves de la Promotion Lovy, nous avons vu que 22 d'entre eux, sur 83, (soit environ 25%, reflétant le chiffre de la moyenne nationale)[30] avaient fait le sacrifice de leur vie.

---

[28] **Op. Cit. P. 51**

[29] **Op. Cit. P. 51**

[30] **Ce qui, selon les statistiques françaises officielles reflète la moyenne nationale de 24% de morts au combat parmi les appelés de la classe 1914. (Le Figaro Histoire du 18/11/2014 – « La Première Guerre mondiale en 10 chiffres. »)**

Parmi eux, Justin COROLLER et Charles GRÉSIL ont fait l'objet d'une distinction pour leur remarquable conduite au combat :

Justin Coroller, a été cité à l'ordre de l'armée, citation parue au bulletin des armées, libellée en ces termes : « Soldat Coroller : 65ème d'infanterie engagé volontaire pour la durée de la guerre, a été grièvement blessé en demandant d'aller remplacer deux de ses camarades qui venaient d'être tués (8 juin 1915) ».

Charles Grésil a été cité à l'ordre du jour de la division le 30 avril 1915 pour sa belle conduite à l'Yperlée (bataille de l'Yser)

Les noms de ces 22 enfants de troupe sont gravés sur le Monument aux Morts de l'école. Ce Monument, érigé en 1924, comporte 244 noms d'élèves morts pour la France durant la guerre 14-18. Ce chiffre n'était cependant pas définitif. À la suite d'intenses et minutieuses recherches récemment menées par les AET, 141 nouveaux noms ont été retrouvés. Une stèle complémentaire, « Stèle des oubliés » portant ces 141 noms a été disposée au pied de l'ancien Monument et solennellement inaugurée le 9 juin 2018, dans le cadre des cérémonies commémoratives de la Guerre 14-18.

J'avais un camarade
De meilleur il n'en est pas
Dans la paix et dans la guerre
Nous allions comme deux frères
Marchant d'un même pas.

Monument aux Morts de l'école militaire des Andelys
Et « Stèle des oubliés »

Dernier acte artistique des cérémonies commémoratives, une imposante symphonie-chorale, intitulée « La Symphonie de la Grande Guerre » (The Great War Symphony » œuvre du compositeur britannique Patrick Hawes, a été produite pour marquer le centenaire de l'Armistice du 11 novembre 1918. Elle fut jouée pour la première fois au Royal Albert Hall à Londres, le 9 octobre 2018, et eut une première aux États-Unis, au Carnegie Hall à New York, le 11 novembre 2018, sous la direction du compositeur.

Chacun des quatre mouvements de cette œuvre représente une année de la guerre. Dédiée aux morts de la guerre elle fut inspirée au compositeur par une inscription qu'il découvrit sur la tombe de son grand-oncle, tué en 1916 à la Bataille de la Somme : « Je me suis rendu sur la tombe de l'oncle Harry et la trouvai en pleine campagne aux environs d'Arras. Souvent les hommes étaient enterrés là où ils étaient tombés. Peu de tombes portaient une inscription autre que le nom. Mais sur celle de mon oncle était gravée cette phrase poétique : « Il repose avec les héros de l'Angleterre sous la vigilante protection de Dieu ». J'ai alors pensé : « C'est ce que je veux pour élégie ».

Cette symphonie est une offrande musicale grandiose, fervente et tragique, qui consacre le sacrifice des Tommies, des

Poilus, des soldats de 14-18, des héros martyrs. Elle leur rend un vibrant hommage à travers les accents d'une célébration quasi liturgique.

Le troisième mouvement : « Élégie » s'ouvre sur ce poème chanté par le chœur :

Quel glas sonnera pour ceux qui tombent en masse ?
Seule la monstrueuse colère des canons,
Seule la cadence rapide et saccadée de la mitraille
Leur composent une brève oraison.
Pour eux pas de comédie, pas de prières ni de cloches,
Pas un chant funèbre à part les chœurs -
Les chœurs stridents, déments, des obus qui hurlent ;
Et les bugles qui les appellent du fond de tristes comtés.
Quels cierges pourront les escorter dans leur dernier voyage ?
Ce n'est pas entre leurs mains, mais dans leurs yeux
Que brillera la sainte lueur des adieux. »

[« *Hymne à une jeunesse condamnée* » Traduction du poème de Wilfred Owen (1893-1918) tué à Ors (Nord) le 4 novembre 1918]

Cette nouvelle symphonie héroïque s'impose comme un monument musical, âme des monuments de pierre, afin de glorifier le souvenir des sacrifiés de ce sanglant holocauste, de le graver dans les cœurs et les mémoires.

Preux et vaillants, ces jeunes soldats n'ont jamais manqué aux principes de qualités militaires qui leur ont été inculqués, tels que volonté, ténacité et sang-froid, vaillance, héroïsme, mépris de la mort.

Dans des combats acharnés, par leur héroïque bravoure, leur sens de l'honneur et l'amour de la Patrie, ils ont âprement arraché la victoire. Ils ont triomphé au prix d'extrêmes sacrifices en dépit de la souffrance, de la terreur et de coupables obstinations de chefs militaires qui, en privilégiant la désastreuse offensive à outrance, faisaient bon marché des vies humaines dont ils avaient la responsabilité sacrée.

Ils savaient qu'en signant leur engagement ils offraient leur vie à la France et à leurs compatriotes. Il ne faut pas que leur victoire soit escamotée, dévalorisée, banalisée dans l'indifférence, l'ignorance, ou l'insouciance ludique.

Leur sublime offrande, leur héroïque sacrifice ne sont pas oubliés et continuent de vivre dans le cœur et l'âme de leurs successeurs qui raniment la flamme en leur rendant hommage, et s'honorent de perpétuer leur mémoire afin qu'ils ne subissent pas « la mort noire de l'oubli ».

ANNEXES

Un troisième cahier intitulé *Méthode d'instruction pratique du service en campagne :* donne des directives aux gradés et soldats sur les diverses opérations à effectuer sur le terrain en matière de reconnaissance, utilisation du terrain, protection, installation rapide, dispositions de défense individuelle et collective, etc...

Deux exemples concrets de ces manœuvres sont donnés dans un petit cahier séparé, reproduits ci-après. Ils expliquent le fonctionnement de la patrouille, sa conduite face à l'ennemi ainsi que l'activité des petits postes et des sentinelles.

Exercice de service en campagne du 27 novembre 1913

Thème

La 3ᵉ section de la première compagnie fait partie d'un détachement cantonné aux Andelys. Elle a pour mission d'aller établir un petit poste à l'embranchement des routes d'Harquency et de Feuquerolles (voir carte et croquis, ci-dessous ...)

Direction de l'ennemi face à Harquency, côté est.

La section fournira deux groupes de sentinelles et une sentinelle devant les armes.

Consigne des sentinelles

Secteur de surveillance entre l'arbre situé sur le bord de la route d'Harquency et la route de Feuquerolles qui s'enfonce dans les bois.

Mot de ralliement : Amiens

Pour appeler le chef du petit poste, mettre le képi au bout du fusil et l'élever en l'air. Si l'on aperçoit une patrouille ennemie, agiter le képi de haut en bas. Si l'unité qu'on aperçoit est plus forte qu'une patrouille, une compagnie par exemple, agiter le képi de droite à gauche.

Numéro de la sentinelle. Sentinelle n°2 du petit poste n°1 de la grande garde n°2.

<u>Point de repère pour le tir</u> : la haie située à environ 400 mètres d'ici et un peu en avant du petit bois.

<u>Point de repère pour l'orientation de nuit</u> : à droite, le groupe de maisons bordant la route ; à gauche, la route de Feuquerolles.

<u>Pour se replier en démasquant le front</u> : aller au petit poste par la route en direction des Andelys.

En cas d'attaque le petit poste restera sur place.

Exercice de service en campagne du 4 décembre 1913

Consignes particulières

Vous êtes la sentinelle n°2 au petit poste n°2 de la grande garde n°2.

<u>En avant</u> : Direction de l'ennemi vers Harquency, Forêt-la-Folie, côté est.

<u>Secteur à surveiller</u> : Depuis cet arbre dans le petit bois jusqu'à ce rideau de peupliers, vous surveillez spécialement ces fourrés situés à 500 mètres devant vous.

Points de repère :

Pour le tir : cette haie et le grand arbre à 500 mètres devant vous.

Pour l'orientation : l'embranchement des deux chemins en arrière et à gauche, et le talus boisé derrière vous. Le chemin sur lequel vous avez abouti à la grande route conduisant aux Andelys, où se trouve le petit poste n°2.

Á droite et à gauche :

Á droite : La sentinelle n°1 du petit poste n°2 de la grande garde n°2, pour communiquer avec elle, suivre le chemin à votre droite, jusqu'à ces pommiers, puis aller vers la meule de paille en rampant.

Á gauche : La sentinelle n° 1 du petit poste n°1 de la grande garde n°1.

En arrière : En cas d'attaque, après vous être défendu, vous vous replierez en vous dissimulant derrière la haie derrière vous.

La sentinelle devant les armes se trouve derrière l'arbre situé près de l'embranchement des routes des Andelys et celle où vous êtes.

Mot de ralliement

Les signaux seront faits derrière la haie pour que l'ennemi ne les aperçoive pas. Ils sont les mêmes que jeudi dernier. En cas d'attaque le petit poste restera sur place.

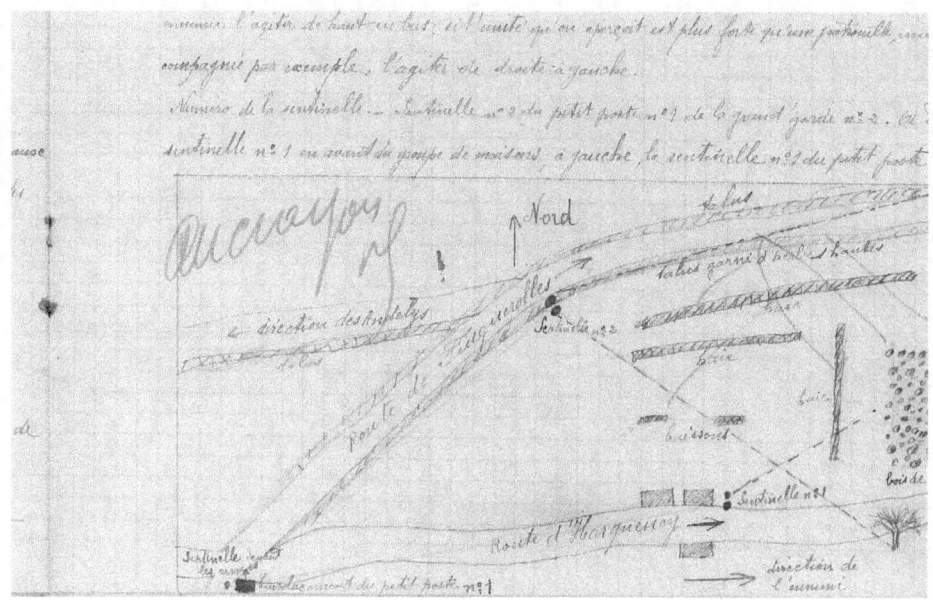

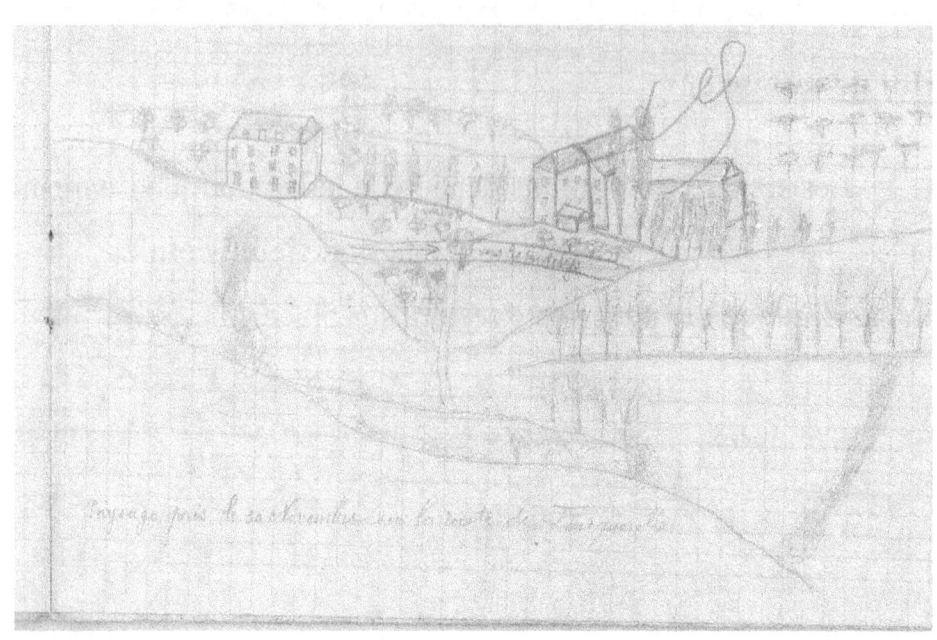

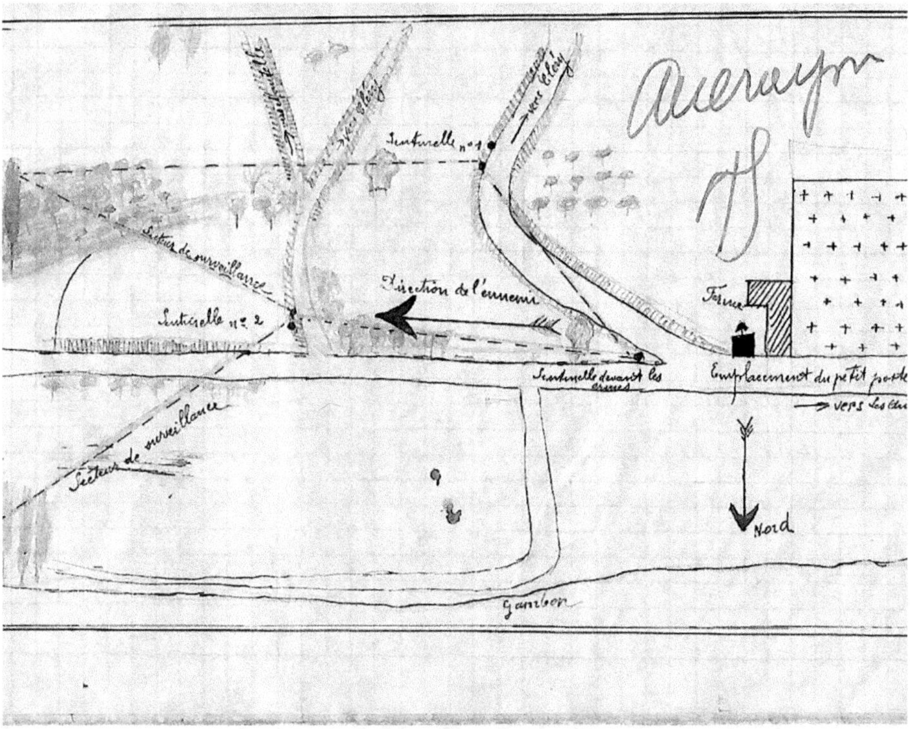
vers Cléry
Sentinelle n° 1
Secteur de surveillance
Direction de l'ennemi
Sentinelle n° 2
Ferme
Sentinelle devant les armes
Emplacement du petit poste
Nord
Secteur de surveillance
Gambon

1. Fiche Mémoire des Hommes

fiche mémoire des Hommes

> **PARTIE À REMPLIR PAR LE CORPS.**
>
> Nom : **BARTHET**
> Prénoms : Henri Alfred Jules
> Grade : aspirant
> Corps : 68e Regt d'Infanterie
> N° au Corps : 8915 — Cl. 1917
> Matricule : 1927 au Recrutement : Besançon
> Mort pour la France le : 3 mai 1916
> à : la Cote 304 (Mort Homme Meuse)
> Genre de mort : Tué à l'ennemi
>
> Né le : 17 Juin 1897
> à : Château Gonthier Département : Mayenne
> Arr¹ municipal (p' Paris et Lyon), à défaut rue et N° :
>
> Cette partie n'est pas à remplir par le Corps.
> Jugement rendu le : 22 Août 1918
> par le Tribunal de : Pontarlier
> acte ou jugement transcrit le : 21 Octobre 1918
> à : Pontarlier (Doubs)
> N° du registre d'état civil :

2. Fiche Etat de services

3. Faire-part de décès

9ème Région
N° 1345

LE BLANS, le 20 Mai 1919

Le Chef du Bureau de Comptabilité
du 68ème Régiment d'Infanterie

à Monsieur le Maire de la Commune
de PONTARLIER (Doubs)

Monsieur le Maire,

J'ai l'honneur de vous prier de vouloir bien, avec tous les ménagements nécessaires en la circonstance, prévenir Monsieur BARTHET, 18, Rue de Salins, du décès de l'Aspirant BARTHET Henri Alfred du 68ème Régiment d'Infanterie, 11ème Ci né à CHATEAU-GONTIER (Mayenne), le 17 Juin 1897, N° Mle au Corps 8313, Recrutement de BESANCON, N° L.M. 1927,
" Tué à l'ennemi le 3 MAI 1916 à La Cote 304
" au Mort-Homme - " Mort pour la France "

Je vous serai très obligé de vouloir présenter à la fami: les condoléances de Monsieur le Ministre de la Guerre et me faire connaître la date à laquelle votre mission a été accom- -plie sur l'accusé de réception ci-joint.

Veuillez agréer, Monsieur le Maire, l'assurance de mes sentiments distingués.

(Cachet du 68ème Rgt d'Infanterie)
Signature : Illisible

4. Avis de transfert du corps et d'inhumation au cimetière militaire d'Avocourt

RÉPUBLIQUE FRANÇAISE.

Paris, le _____ 192__

1ère identification

AVIS DE TRANSFERT DE CORPS.

B/M. 6420   P.V. 50.531

M. le Commandant du Dépôt du 68e Rég.t d'Inf.

voudra bien porter à la connaissance de la famille intéressée, par l'intermédiaire de la Mairie que le corps de l'Aspirant

BARTHET Henri Alfred Jules
8 Cl. 1914 Cl. 1917 Besançon n° 1927/4383 8913
précédemment inhumé à la Cote 304, décédé le 8.5.1916
vient d'être découvert et identifié par plaque d'identité

5. Jugement « Mort pour la France »

DÉPARTEMENT DU DOUBS
ARRONDISSEMENT DE PONTARLIER
ÉTAT-CIVIL
N° 282

Jugement déclaratif du décès de BARTHET Henri Alfred Jules

MORT POUR LA FRANCE.

RÉPUBLIQUE FRANÇAISE

VILLE DE PONTARLIER

Extrait des Registres des Actes de l'Etat-Civil

Extrait des minutes du Greffe du Tribunal Civil et de première Instance, séant à Pontarlier, quatrième arrondissement du Département du Doubs.

JUGEMENT.

Vu la requête présentée par Monsieur le Procureur de la République,

Ouï le Rapport fait en Chambre du Conseil par Monsieur MARGUE, Président, commis à cet effet.

Vu le dossier transmis par Monsieur le Ministre de la Guerre,

Attendu qu'il en résulte que Monsieur BARTHET, Henri, Alfred, Jules, fils de Henri-Delphin, Marcelin et de Denis, Jeanne, Philomène, né le dix-sept Juin mil huit cent quatre vingt dix sept à Château Gonthier (Mayenne) aspirant au soixante huitième régiment infanterie, domicilié en dernier lieu à Pontarlier, EST MORT POUR LA FRANCE, le trois Mai mil neuf cent seize à la Côte 304 Mort Homme (Meuse).

Vu la loi du trois Décembre mil neuf cent quinze les articles quatre vingt neuf et suivants du code Civil

Attendu qu'il y a lieu de faire droit aux fins de la requête,

Pour ces motifs,

Le Tribunal déclare que Monsieur BARTHET, Henri Alfred, Jules, fils de Henri Delphin Marcelin et de Denis, Jeanne, Philomène, né le dix sept Juin mil huit cent quatre vingt dix sept à Château Gonthier (Mayenne) aspirant au soixante huitième Régiment Infanterie domicilié en dernier lieu à Pontarlier, EST MORT POUR LA FRANCE, le trois mai mil neuf cent seize, à la Côte 304 Mort Homme (Meuse),

Ordonne que le présent Jugement sera transcrit sur les Registres de l'Etat-Civil de la commune de Pontarlier, et que mention en sera faite en marge à sa date, et sur la table du registre des décès de l'année 1916, tant sur le double qui existe à la Mairie de Pontarlier que sur le double déposé au Greffe.

Signé: MARGUE   PELLETIER.

Ainsi fait Jugé et prononcé à l'audience publique du Tribunal de première Instance de Pontarlier tenue le vingt deux Août mil neuf cent dix huit où étaient présents, messieurs Margue, Président, Pagneur, Juges Paquette, Juge de Paix délégué par ordonnance de Monsieur le Premier Président en date vingt trois Mai mil neuf cent dix huit, siégeant en remplacement de Monsieur Nicolle, Juge doyen mobilisé, assistés de Monsieur Léon Pelletier, commis Greffier du siège.

Présent, Monsieur Bohin, Substitut du Procureur de la République,

En conséquence, le Président de la République Française, mande et ordonne à tous huissiers sur ce requis de mettre les présentes à exécution. Aux Procureurs Généraux et aux Procureurs de la République près les Tribunaux de première instance d'y tenir la main à tous commandants et Officiers de la force publique de prêter main forte lorsqu'ils en seront légalement requis.

En marge on lit:

Visé pour timbre et enregistré à Pontarlier le deux septembre mil neuf cent dix huit.

Folio soixante deux.   Case douze.

Pour copie certifiée conforme au jugement par Nous Ernest DENISET, Maire Officier de l'Etat-Civil de la Ville de Pontarlier, le vingt un Octobre mil neuf cent dix huit.

Signé: DENISET.

Pour extrait certifié conforme aux indications portées au registre de l'état civil, délivré sur papier libre pour service administratif.

Pontarlier, le vingt six Juillet mil neuf cent trente cinq.

Le Maire.

6. Tableaux d'honneur de l'école des Andelys

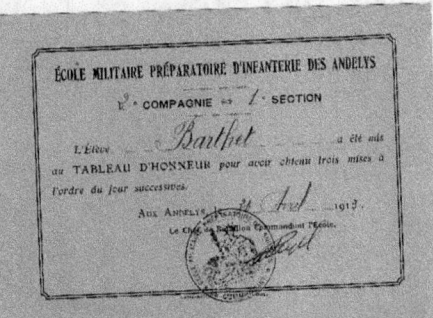
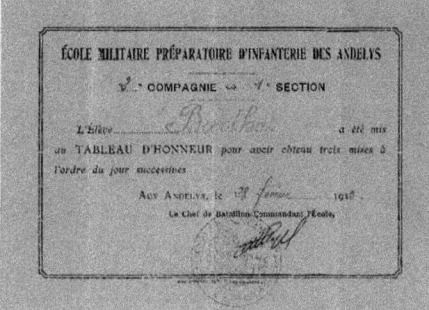

7. Carte commémorative préparée par une élève du Collège Rosa Park

www.ingramcontent.com/pod-product-compliance
Lightning Source LLC
LaVergne TN
LVHW020451070526
838199LV00063B/4914